Witt

Erfolgreiche Personalauswahl in der Pflege

Wer immer Bücher oder Texte schreibt, weiß, dass es anderer bedarf, die unterstützend die Arbeit begleiten.

Dieses Buch ist daher in Dankbarkeit den vier Frauen in meinem Leben gewidmet.

Judith - Rebecca - Miriam - Sarah

Holger Witt

Erfolgreiche Personalauswahl in der Pflege

Kompaktwissen für die Praxis

Verlag Personal, Recht, Management Ltd.

Bibliographische Information der deutschen Nationalbibliothek
Die Deutsche Nationalbibliothek verzeichnet diese Publikation in der Deutschen Nationalbibliographie; detaillierte bibliographische Daten sind im Internet über http://dnb.d-nb.de abrufbar.

Niederlassung Deutschland: Lindlaustr. 2a, 53842 Troisdorf

Umschlagskonzeption: Verlag Personal, Recht, Management Ltd.
Satz: Verlag Personal, Recht, Management Ltd.
Druck: Books on Demand GmbH, Norderstedt
Printed in Germany, März 2010

ISBN 978-3-941388-37-6

Vorwort

In nahezu allen Ländern der europäischen Union herrscht inzwischen ein Mangel an guten und motivierten Mitarbeitern im Pflegebereich. Der demografische Wandel der nächsten 20 bis 30 Jahre wird diese Situation verschärfen. Sowohl in personeller, als auch in finanzieller Hinsicht.

Drei Aspekte spielen hierbei eine Rolle:

- der Anteil jüngerer Arbeitnehmer wird noch stärker abnehmen
- der Anteil älterer Arbeitnehmer wird weiter ansteigen
- und die Anzahl der Menschen die eine intensive Pflege benötigen wird zunehmen.

Für Sie bedeutet dies, dass es schwieriger werden wird Arbeitsplätze adäquat, in zeitlicher und finanzieller Hinsicht, zu besetzen.

Jährlich werden in Deutschland viele tausend Personalentscheidungen getroffen. Ihre Qualität ist dabei so unterschiedlich, wie die hierzu verwendeten Methoden: Sie reichen vom Vorstellungsgespräch, über strukturierte Interviews, bis zum aufwändigen mehrtätigen Assessment Center. Berufsbezogene Entscheidungen gehören dabei sowohl für die Person, als auch für die Organisation, sprich das einstellende Unternehmen, zu den wichtigsten und anspruchsvollsten Handlungen überhaupt, da die Wettbewerbsfähigkeit zunehmend von der Qualifikation und der Motivation der Mitarbeiter abhängt.

Der Pflegebereich gehört angesichts einer immer stärker rückläufigen Beschäftigungsentwicklung zu den neuen Jobmotoren in Deutschland. Umso mehr, wenn man die Prognosen über den steigenden Pflege- und Versorgungsbedarf für unsere immer älter werdende Gesellschaft berücksichtigt. Das oben genannte Schlagwort „demografischer Wandel“ ist aktuell in aller Munde.

Im Rahmen der Personalauswahl ist jeder Personaler mit dem Problem konfrontiert, bei hohen Bewerberzahlen diejenigen zu identifizieren, die den neuen Anforderungen am besten gewachsen sein werden. Schließlich geht nicht nur um ein mehr an Personal, sondern auch um immer besser qualifizierte Mitarbeiter, die immer stärker spezialisiert sind. Er muss dazu Person und Tätigkeit so vergleichen, dass der neue Mitarbeiter mit seinen Kompetenzen, Qualifikationen und Bedürfnissen den Anforderungen der zu besetzenden Stelle bestmöglich entspricht.

War der Vertragsschluss eine Fehlentscheidung, und somit eine Fehlbesetzung, muss nicht nur der gesamte Suchprozess von vorn begonnen werden, sondern es ist viel Geld ausgegeben worden. Umgangssprachlich heißt es so schön, „außer Spesen nichts gewesen". Doch hinter dem kleinen Satz verstecken sich Kosten, die schnell ungeahnte Höhen erreichen können. Die Management Consulants von Kienbaum haben beispielsweise errechnet, dass sich die Kosten von Fehlbesetzungen schnell bis auf das 1,5 fache des entsprechenden Jahreseinkommens belaufen können. Darin enthalten sind Kosten für die Anwerbung eines neuen Mitarbeiters, die Auswahl- und Einstellungskosten und nicht zuletzt die Einarbeitungskosten für bis zu sechs Monate.

Dies stellt die Frage nach der besten Auswahlmethode in den Vordergrund und zwar sowohl im Hinblick auf die Bewältigung großer Bewerberzahlen, als auch auf die notwendige eignungsdiagnostische Qualität.

Hinzu kommt, dass ein Kampf um die besten Köpfe begonnen hat. Es wird für Sie als Arbeitgeber immer wichtiger attraktive Arbeitsplätze und neue berufliche Perspektiven für gute Kräfte zu schaffen, um die high Performer an das Unternehmen zu binden.

Seit Inkrafttreten des allgemeinen Gleichbehandlungsgesetztes (AGG) hat sich die Problematik der Personalauswahl noch um eine weitere Facette erweitert. Dies betrifft den gesamten Bereich der Ausschreibung der Tätigkeit, die Anforderung der Bewerbungsunterlagen, die Durchführung der Vorstellungsgespräche und das „Fragerecht" des Personalverantwortlichen, die eigentliche Auswahlentscheidung und die Mitteilung der Gründe der Nichtberücksichtigung. Zwar sind bisher die prognostizierten Klagewellen ausgeblieben, keineswegs sollte aber leichtfertig hier vorgegangen werden, schon um dem Unternehmensimage nicht zu schaden.

Das vorliegende Handbuch entwickelt daher eine Konzeption, welche die Verfahren und Instrumente der Personalauswahl aus verschiedenen Bereichen zusammenführt und praxisfähige und innovative Hilfen an die Hand gibt. Es setzt dabei auf einen Mix aus Grundlageninformationen, Konzepten und praktisch einsetzbaren Arbeitsmaterialien.

Zu Beginn des Buches werden zunächst einige Grundbegriffe im Bereich Personal aufgenommen und erläutert, die Anforderungen des allgemeinen Gleichbehandlungsgesetzes dargestellt und hinsichtlich ihrer praktischen Relevanz kommentiert und ein kurzer Ausblick ins Datenschutzgesetz geworfen. Im zweiten Teil wird die Methode des strukturierten Interviews vorgestellt. Im Anhang befinden sich weitreichendes Arbeitsmaterial und Kopiervorlagen.

Nutzen und Aufbau des Buches:

Dieses Handbuch richtet sich vorrangig an Personalverantwortliche oder Geschäftsleitungen und soll ihnen die notwendigen Werkszeuge an die Hand geben, um Personalentscheidungen auf bestmöglichem Standard zu treffen. Unabhängig, ob sie als Unternehmen

- in größere Verbände eingebunden sind,
- ob sie 3 oder 300 Personen beschäftigen oder
- wie ihr Betrieb organisiert ist.

Das Handbuch will keinen vollständigen Überblick über die Literatur und Theorie zum Thema Personalauswahl bieten. Es zielt vielmehr darauf ab, allen Beteiligten zu ermöglichen, professionelle Personalauswahl im Betrieb umzusetzen und präferiert daher eine Kombination der Aufstellung von Anforderungsprofilen, der Analyse von Bewerbungsunterlagen und strukturierten Interviews.

Dieses Handbuch bietet:

- Grundlagenwissen für die Personalauswahl,
- Auswahlstrategien und
- ausführliche Arbeitsmaterialien (Checklisten, Leitfäden, Ablaufpläne, etc.)

[*i*]Henes-Karnahl, Risiko von Fehlbesetzungen minimieren, in WirtschaftsBild, 06/2005, S. 18

Inhaltsverzeichnis

1 Personalmarketing - Ausgangssituation

Die Qualität und der Erfolg von Dienstleistern in der Pflege hängt von vielen unterschiedlichen Faktoren ab. In einer immer komplexer werdenden Welt, die im Zuge der Globalisierung immer kleiner wird, hängt ein der Erfolg letztlich vor allem vom Personal ab. Habe ich die

- richtigen Mitarbeiter zur
- richtigen Zeit am
- richtigen Ort?

Mit ihren Kompetenzen, ihrem Engagement und ihrer Leistungsfähigkeit und ihrer Leistungsbereitschaft sichern sie letztlich den Erfolg des Unternehmens.

Hinzu kommt, dass auch im deutschsprachigen Raum, Pflegekräfte überwiegend der jüngeren Altersgruppen angehören und Pflegekräfte mittleren Alters oder ältere Pflegekräfte den Beruf früher verlassen, als es in anderen Berufsgruppen der Fall ist und dadurch die Probleme, die der demographische Wandel mit sich bringt, noch beschleunigt werden.[*i*]

Es stellt sich die Frage, wie eine kompetente und qualifizierte Pflege in den kommenden Jahrzehnten sichergestellt wird, insbesondere, wie gutes und qualitatives Personal rekrutiert werden kann.

Da die älteren Menschen die meiste Betreuung und Pflege benötigen, wird der Druck auf das Gesundheitssystem weiter erheblich zunehmen. Für Deutschland wird geschätzt, dass der Anteil der Menschen, die stationäre oder ambulante Pflege in Anspruch nehmen müssen, bis ins Jahr 2020 um etwa 40% ansteigen wird.

Es wird daher notwendig sein, attraktive Arbeitsplätze in der Pflege zu schaffen, um bereits junge Menschen über die Ausbildung als qualifizierte Fachkräfte zu erreichen und andererseits die vorhandenen Fachkräfte möglichst lange in einem Arbeitsverhältnis zu halten. In verschiedenen Umfragen zur Attraktivität von Arbeitsplätzen wurden folgende Bereiche als Kernelemente identifiziert.

Welche Merkmale machen einen Arbeitsplatz attraktiv?

- Vergütung, Sicherheit des Arbeitsplatzes
- Rücksicht auf Gesundheit und Arbeitsschutz
- Kommunikation und Beteiligung an den Entscheidungsprozessen
- Arbeitszeiten und Rücksicht auf persönliche Belange
- Qualifizierung, lebenslanges Lernen, Entwicklungsmöglichkeiten

Dies sind auch die Stellschrauben, die Ihr Unternehmen von anderen abhebt und Sie als attraktiven Arbeitgeber kennzeichnet. Die Besetzung einer konkreten Stelle in Ihrer Einrichtung, Ihrem Unternehmen, Ihrem Pflegedienst, usw. fängt daher nicht erst mit der Ausschreibung eines Angebots an, sondern bereits viel früher.

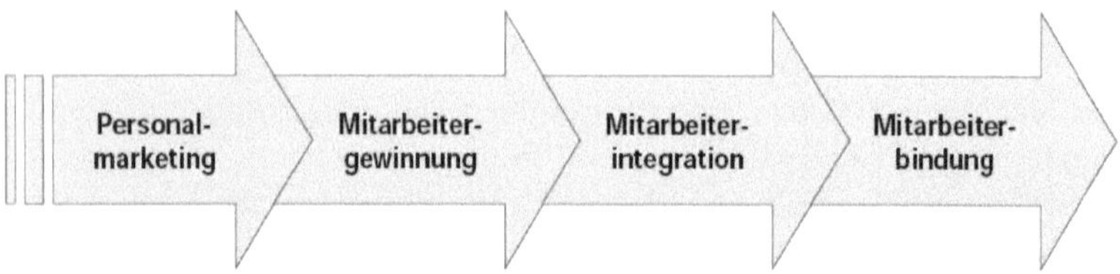

Potentielle Bewerber kennen den Arbeitsmarkt und werden sich vor einer möglichen Bewerbung erkundigen, über welche Reputation Sie als Arbeitgeber verfügen und ob sie sich dort eine Tätigkeit vorstellen können. Dies umfasst die Bereiche der Wahrnehmung Ihres Unternehmens in der Öffentlichkeit, die spezifische Personalsuche für eine Stelle, die schnelle und hochwertige Einarbeitung und nicht zuletzt eine hohe Bindung der Mitarbeiter an Ihr Unternehmen.[*ii*]

Folgende Personalmarketingziele können beispielhaft sein:

1. Positionierung als attraktiver Arbeitgeber bei qualifizierten Absolventen und potentiellen Bewerbern
2. Verbesserung der Öffentlichkeitsarbeit (Ihr Unternehmen als „Marke")
3. Optimierung des Medieneinsatzes
4. Maximierung der Initiativbewerbungen
5. schnelle Abwicklung der Stellenbesetzung
6. langfristige Mitarbeiterbindung
7. Steigerung der Mitarbeiterzufriedenheit.

Im nächsten Schritt können diese Ziele durch die nachfolgend aufgeführten Maßnahmen konkret angegangen werden.

Sie beinhalteten z.B.:

- Schaltung von Imageanzeigen in Zeitschriften/Fachzeitschriften
- Regelmäßige, systematische Aufnahme von Praktikanten
- Erhöhung der Anzahl von Publikationen in Fachzeitschriften zu speziellen Themenstellungen.

2 Grundlagen der Personalauswahl

Zunächst sollten Sie sich klar machen, dass es unterschiedlichste Möglichkeiten der Besetzung von vakanten Stellen gibt. Dazu sind eine Vielzahl von Vorüberlegungen und Wegen möglich. Welcher der „Beschaffungswege" für Sie geeignet ist, hängt im Einzelfall insbesondere von der Art der zu besetzenden Stelle ab. Welche Möglichkeiten der Besetzung und welche Konsequenzen aus der konkreten Art der Besetzung folgen, dazu im Folgenden mehr.

Beschaffungswege:

o Interne Wege der Personalfindung:

- Innerbetriebliche Ausschreibung
- Personalentwicklung
- Übernahme von Auszubildenden
- Versetzungen
- Mehrarbeit

o Externe Wege der Personalfindung:

- Agentur für Arbeit
- Stellenanzeigen (Printmedien/Onlinemedien)
- Arbeitnehmerüberlasser/Zeitarbeit

2.1 Interne Wege der Personalfindung

Es handelt sich hierbei um die Besetzung von Personalvakanzen durch im Unternehmen bereits beschäftigte Mitarbeiter. Dies erweist sich immer dann als vorteilhaft, wenn das eigene Unternehmen über ausreichend Potential unter den eigenen Mitarbeitern verfügt und sich für die konkrete Vakanz ein Mitarbeiter findet, welcher für die Besetzung in Betracht kommt.

Die interne Besetzung bietet sich insbesondere bei der Weiterentwicklung von Personal an um einen höheren Qualifikationsstand zu erreichen. Dabei hat die innerbetriebliche Besetzung eines Stellenangebots für Ihr Unternehmen viele Vorteile. Diese reichen von Aufstiegs- und Entwicklungschancen für gute Mitarbeiter (Motivation), bis zur raschen Besetzung des Arbeitsplatzes mit einem bekannten Mitarbeiter und daher einer hohen Kenntnis der sozialen und fachlichen Fähigkeiten (Fehlbesetzung unwahrscheinlich). Hinzu kommt das finanzielle Einsparpotential bei der Personalsuche und Einarbeitung.

Die interne Personalbesetzung hat aber nicht nur Vorteile, sondern kann durchaus zu gravierenden Nachteilen für ein Unternehmen werden. Zum einen wird die Besetzung der Stelle stark begrenzt, d.h. nur wenige und bestimmte Mitarbeiter kommen für eine solche Entwicklung in Betracht. Darüber hinaus fehlt es dem Unternehmen an „frischem Blut", so dass ein Unternehmen langfristig von der Marktentwicklung abgeschnitten ist. Auch können interne Besetzungen zu Unruhe und Unzufriedenheit im Betrieb führen, da andere Mitarbeiter die Entscheidung wenig bis nicht nachvollziehen können bzw. Neid geweckt wird.[*iii*]

2.2 Externe Wege der Personalfindung

Es handelt sich hierbei um die Besetzung von Personalvakanzen außerhalb des Unternehmens auf dem klassischen Arbeitsmarkt, d.h. Einstellung von neuen Mitarbeitern. Dabei sind verschiedenste Wege der Personalfindung möglich. Von der Wahl des richtigen Weges hängt bereits der Erfolg zu einem nicht unerheblichen Teil ab. Dabei sind unter anderem

- die Situation am Arbeitsmarkt,
- die Bedeutung der zu besetzenden Stelle
- und die Anforderungsqualifikation an den Arbeitnehmer

zu bedenken. Auf dem Arbeitsmarkt gibt es verschiedenste Anbieter, die Sie bei Ihrer Personalsuche unterstützen und Wege, die Sie zur Besetzung beschreiten können. Die wichtigsten finden Sie im folgenden Überblick.

2.2.1 Agentur für Arbeit

Die Bundesagentur für Arbeit (früher: Arbeitsamt) hat seinen Service speziell auf Arbeitgeber zugeschnitten, um auf dem Arbeitsmarkt aktiv zu agieren.

Die Agenturen für Arbeit vor Ort haben direkte Ansprechpartner für Arbeitgeberinnen und Arbeitgeber – den sog. Arbeitgeber-Service eingerichtet. Dort gibt es für jeden Arbeitgeber einen Ansprechpartner. Es gilt das Prinzip des „One face to the Customer". Lassen Sie sich die Daten Ihres Ansprechpartners benennen, insbesondere die Telefondurchwahl.

Der Arbeitgeber-Service informiert über ein breites Spektrum an Leistungen rund um das Thema Arbeitsmarkt, u.a.:

- umfassende Arbeitsmarktberatung,
- Unterstützung im Stellenbesetzungsprozess (z.B. Anforderungsprofilerstellung, Stellenangebotsausschreibung, Nutzung der Job-Börse, Bewerbervorauswahl, Durchführung von Auswahltests),
- Integrationsunterstützende und finanzielle Leistungen

Darüber hinaus ist die Leistung der Agentur für Arbeit kostenlos und auch neutral. Als Unternehmen sollten Sie engen Kontakt zu den Agenturen für Arbeit vor Ort halten. Schließlich ist es für Ihren Ansprechpartner vor Ort wichtig, Ihr Unternehmen möglichst genau zu kennen, um Sie zielgerichtet und passgenau bei der Besetzung von Arbeits- und Ausbildungsstellen beraten zu können. Insbesondere Ihre Anforderungen an den neuen Mitarbeiter, die zwischen den Hardfacts liegen, können nur so hinreichend berücksichtigt werden.

Laden Sie Ihren Ansprechpartner in Ihren Betrieb ein und zeigen Sie ihm die Gegebenheiten vor Ort und erläutern Sie ihm in einem persönlichen Gespräch, was für Sie die entscheidenden Punkte bei der Personalauswahl sind.

Eine Zusammenarbeit mit Ihrem Ansprechpartner bei der Arbeitsagentur ist nicht zuletzt deshalb vorteilhaft, weil die Agenturen für Arbeit eine Reihe von Fördermöglichkeiten haben, die bei der Beschaffung und Eingliederung in Ihr Unternehmen gewährt werden können. Darüber hinaus hat die Agentur für Arbeit die sog. Zentrale Auslands- und Fachvermittlung (ZAV). Sie vermittelt weltweit Fach-, Führungs- und Nachwuchskräfte.

Die Bundesagentur für Arbeit betreibt auch die größte Jobbörse Deutschlands. Diese finden Sie auf www.arbeitsagentur.de→ Jobbörse. Dort h a-ben Sie als Arbeitgeber die Möglichkeit sich zu registrieren, Stellenangebote zu veröffentlichen und Bewerber zu suchen.

Die Agentur für Arbeit hat eine bundesweite Hotline für Arbeitgeber eingerichtet, die unter der Rufnummer 01801 / 66 44 66 geschaltet ist. Auch die begleitenden Dienstleistungen der Agentur für Arbeit sollten Sie als Unternehmen nutzen, ob es um die Beratung bei wirtschaftlichen Fragen z.B. Kurzarbeit, Weiterbildung, etc. geht oder Sie nur den örtlichen Arbeitgebernewsletter, in dem die Agentur über Neuerungen berichtet, beziehen.

Die Agentur für Arbeit bietet Ihnen Auskunft und Rat:

- zur Lage und Entwicklung des Arbeitsmarktes und der Berufe,
- zur Besetzung von Ausbildungs- und Arbeitsplätzen,
- zur Gestaltung von Arbeitsplätzen,
- Arbeitsbedingungen und Arbeitszeit,
- zur betrieblichen Aus- und Weiterbildung,
- zur Eingliederung förderungsbedürftiger Auszubildender und
- Arbeitnehmer,
- zu Erteilung von Arbeitsgenehmigungen für ausländische Bewerber
- oder zu Leistungen der Arbeitsförderung.

Erreichbarkeit:

1. Homepage: www.arbeitsagentur.de
2. persönliche Telefondurchwahl oder Hotline 01801 / 66 44 66
3. E-Mail: [stadt].arbeitgeber@arbeitsagentur.de

2.2.2 Stellenanzeigen (Printmedien/Onlinemedien)

Die klassische Stellenanzeige ist die wohl häufigste Art der von Unternehmen genutzten Personalsuche.

Vorüberlegungen:

- Veröffentlichungsmedium (Tageszeitung, Zeitschrift, Fachzeitung, Homepage, Internetjobbörse,...),
- Termin der Veröffentlichung,
- Anzeigengestaltung

Branchenspezifische Zeitschriften:

- „Die Schwester - Der Pfleger",
- „Altenheim",
- „Altenpfleger"

Die wichtigste Voraussetzung für den Erfolg einer Stellenanzeige ist, dass Sie vom potentiellen Bewerber wahrgenommen wird und den Bewerber dazu bringt sich zu bewerben. Diese Chance ist um so höher, wenn Sie das Veröffentlichungsmedium zielgruppengerecht auswählt und den sog. „Streuverlust" möglichst gering halten.[*iv*]

Als Grundsatz gilt zunächst, dass Anlern- und Fachkräfte weitgehend über regionale Tageszeitungen ausgeschrieben werden. Dafür spricht, dass in der Regel im örtlichen Umfeld ausreichend qualifizierte Bewerber vorhanden sind. Für die mittlere Führungsebene bieten sich regelmäßig überregionale Zeitungen bzw. Zeitschriften an. Der Einzugsbereich regionaler Tageszeitungen reicht regelmäßig nicht aus, Stellen dieser Hierarchieebene zu besetzen. Spezielle Fachkräfte (Mediziner, etc.) werden häufig in Fachzeitschriften gesucht. Es handelt sich bei dieser Einschätzung zunächst nur um eine Faustformel, die für Ihr Unternehmen entsprechend angepasst werden muss. Evtl. ist auch die Kombination verschiedener Veröffentlichungen anzudenken. Unterschätzen Sie auch nicht die Werbung und Steigerung der Bekanntheit Ihres Unternehmens durch entsprechende Ausschreibungen.

Neben der klassischen Printanzeige gewinnt das Internet und die Online-Anzeige immer mehr Bedeutung. Das Internet bietet eine Vielzahl von Möglichkeiten, Stellenanzeigen zu veröffentlichen und Bewerber anzusprechen. Zum einen besteht die Möglichkeit das Angebot auf der firmeneigenen Homepage auszuschreiben. Es handelt sich dabei um eine relativ kostengünstige Möglichkeit und bietet dabei die Chance das Unternehmen wesentlich umfangreicher darzustellen als in Printanzeigen. Diese Form des E-Recruiting, d.h. das vollständige Bewerbungsmanagement wird digital über die Firmenhomepage abgewickelt, findet sich in unterschiedlich starken Ausprägungen. Von der einfachen Ausschreibung, bis hin zu ausführlichen Bewerberfragebögen in digitalisierter Form.

Problematisch ist diesbezüglich, dass diese Angebote nur durch eine gezielte Suche von Bewerbern gefunden werden können. Darüber hinaus bieten kommerzielle und nicht-kommerzielle Jobbörsen die Möglichkeit Ihr Angebot schnell einem weiten Personenkreis bekannt zu machen. Diese Jobbörsen haben sich in den letzten Jahren zu einer ernsthaften Konkurrenz zur klassischen Anzeige etabliert. Bewerber haben die Möglichkeit aufgrund von Suchkriterien gezielt nach relevanten Stellen zu suchen.

Beispiele für große Jobbörsen:

- www.arbeitsagentur.de (→Jobbörse)
- www.Stepstone.de
- www.monster.de
- www.jobscout24.de
- www.jobpilot.de
- www.rekruiter.de
- www.altenhilfe.de
- www.job-sozial.de

TIPP:

Als neues Angebot gibt es nun die Möglichkeit eine Stellenanzeige gleich auf mehreren hundert Jobportalen zu veröffentlichen. Dieser Prinzip funktioniert unter der Internetseite www.1000jobboersen.de

Das neu bestehende Portal schlägt Ihnen geeignete Jobportale für eine eingestellte Stellenanzeige vor. Ein Such-Programm findet anhand von Schlagworten im Anzeigentext automatisch die jeweils am besten passenden Jobbörsen. Sowohl bundesweit agierende Jobbörsen für Beschäftigungen aller Art als auch regionale oder branchenbezogene befinden sich im Portfolio.

Zunächst werden zehn für die zu besetzende Stelle am besten geeigneten Jobbörsen vorgeschlagen, hinzu kommen alle kostenlosen Stellenbörsen, die ebenfalls interessant sein könnten.

Neu haben sich in den letzten Jahren immer mehr soziale Netzwerke für den Austausch und auch die Personalsuche entwickelt. Auch die dort eingestellten Profile von potentiellen Bewerbern sind bei einer Vorauswahl bereits sehr hilfreich. Die Auswahl an sozialen Netzwerken ist inzwischen sehr groß, wobei sie sich in Professionalität, Seriosität und Benutzerfreundlichkeit erheblich unterscheiden. Einige dieser sozialen Netzwerke hatten in jüngster Zeit einige Probleme im Hinblick auf den Sozialdatenschutz. Dies sollten Sie bei der Nutzung entsprechend beachten.

Beispiele für soziale Netzwerke:

- www.xing.de
- www.studivz.net
- www.facebook.com
- www.myspace.com

2.2.3 Arbeitnehmerüberlasser/Zeitarbeit

Die gewerbsmäßige Arbeitnehmerüberlassung ist im Arbeitnehmerüberlassungsgesetz (AÜG) geregelt. Ihre Bedeutung hat in den letzten Jahren deutlich zugenommen. Sie ist kein klassischer Weg der Personalbeschaffung, sondern es werden „fremde“ Arbeitnehmer für eine bestimmte Zeit, zum Beispiel zur Bewältigung von Arbeitsspitzen, „ausgeliehen“.

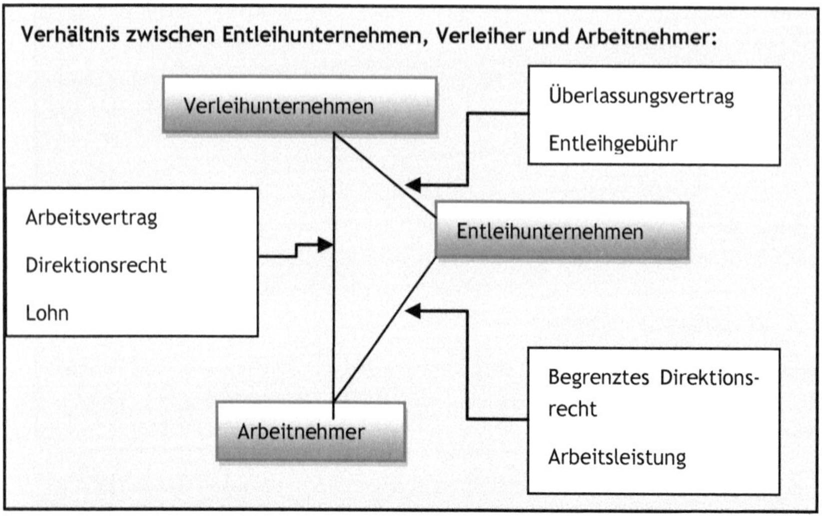

Die Kosten für Zeitarbeitnehmer sind in der Regel höher, als für eigenes Personal, da unter anderem auch die Verleihfirma Kosten für die Bereitstellung von Personal hat und selbst Gewinne erzielen will. Der Grund warum trotzdem sehr viele Arbeitgeber auf Zeitarbeitspersonal zurückgreifen liegt darin, dass einerseits das Risiko von Fehleinstellungen geringer ist, andererseits ist die Trennung nach Ende der Beschäftigungszeit ohne rechtliche Auseinandersetzung möglich. Darüber hinaus besteht durch den Einsatz von Zeitarbeitnehmern eine erhöhte Flexibilität. Problematisch ist hingegen, dass bei vielen Arbeitnehmerüberlassern eine nicht unerhebliche Personalfluktuation herrscht, die es notwendig macht, häufig die entliehenen Arbeitnehmer neu anzulernen.

Viele Personaldienstleister sind gegenwärtig von der Wirtschaftskrise stärker betroffen als andere Branchen. Dies hängt unter anderem damit zusammen, dass in Zeiten des negativen Wirtschaftswachstums nur wenige Spitzen in der Produktion abzudecken sind.

Viele Krankenhäuser und große Arbeitgeber im Pflegebereich sind dazu übergegangen, eigene Servicegesellschaften zu gründen, die „intern" Arbeitnehmer an die eigene Einrichtung verleihen. Dies kann eventuell aus Kosten- oder aus Mitbestimmungsgründen eine Alternative darstellen. Es sind aber auch sehr viele „freie" Verleihunternehmen am Markt vertreten.

Weitere Adressen:

- www.pflegepersonalvermittlung.de
- www.bgw-online.de
- www.pflegeboerse.de
- www.MatchWebPro.de

3 Das allgemeine Gleichbehandlungsgesetz (AGG)

„Gleichbehandlungsgesetz macht Rekrutierung bürokratischer“, so titelte die FAZ auf Ihrer Internetseite im November 2006. Das Allgemeine Gleichbehandlungsgesetzes (AGG) zwinge HR-Manager dazu, neue Instrumente zur Rekrutierung von Personal einzusetzen: 70 Prozent der Unternehmen müssten ihre Stellenanzeigen den neuen gesetzlichen Anforderungen anpassen, 65 Prozent der Unternehmen änderten Personalfragebögen, 62 Prozent der Unternehmen ihre Anforderungsprofile. Das gehe aus einer Studie der Deutschen Gesellschaft für Personalführung (DGFP) hervor.[*v*]

Das Gesetz zur allgemeinen Gleichbehandlung ist, trotz seiner „sprachlichen Abrüstung“ in der Benennung vom „Anti-Diskriminierungs-Gesetz“, Gegenstand heftiger und kontroverser Kritik. Die einen sprechen vom „Vorwärts ins Mittelalter“[vi], die anderen bedauern, dass der Schutz nicht weit genug gehe.[*vii*]

Das im Jahr 2006 in Kraft getretene Allgemeine Gleichbehandlungsgesetz (AGG) hat das Verbot der Diskriminierung bei der Einstellung von Arbeitnehmern ausgeweitet. Während früher nur die Diskriminierung wegen des Geschlechts oder wegen Schwerbehinderung untersagt war, können abgelehnte Bewerber nunmehr auch wegen Diskriminierung aufgrund ihrer Rasse, ethnischen Herkunft, Religion oder Weltanschauung, Alter oder sexuellen Identität auf Entschädigung klagen.

Eine Klagewelle, wie zunächst befürchtet, ist zwar bisher ausgeblieben, doch Fehler bei der Personalrekrutierung können bei Nichteinhaltung der Vorschriften des AGG schnell frustrierte und abgelehnte Bewerber auf den Plan rufen und dem Unternehmen sowohl einen wirtschaftlichen, als auch einen Imageschaden zufügen.

Übersicht: Diskriminierungsmerkmale sind [*viii*]

- die Rasse oder ethnische Herkunft,
- das Geschlecht,
- die Religion oder Weltanschauung,
- eine Behinderung,
- das Alter oder
- die sexuelle Identität.

3.1 Grundsätze

Dem Personalentscheider wird durch das AGG nicht vorgegeben, wen er einzustellen hat. Selbst bei einer Diskriminierung von Bewerberinnen und Bewerbern (im Folgenden nur „Bewerber") führt dies nicht zu einem Einstellungsanspruch (ausdrücklich § 15 Abs. 6 AGG). Die Diskriminierung kann aber zu einem Anspruch auf Ersatz des materiellen und immateriellen Schadens führen.[*ix*]

Der Arbeitgeber darf seine Personalauswahl nicht in diskriminierender Weise beschränken, d.h. allen Bewerbern muss die gleiche Chance gewährt werden. Das Auswahlverfahren darf nur nach in der Sache erforderlichen Merkmalen differenzieren.

Zu beachten ist die (nur unter sehr engen Voraussetzungen anwendbare) Ausnahme des § 8 Abs. 1 AGG: Eine unterschiedliche Behandlung ist zulässig, wenn das geforderte Merkmal eine wesentliche und entscheidende berufliche Anforderung darstellt, und der Zweck der unterschiedlichen Behandlung rechtmäßig und die Anforderung angemessen ist.

Achtung:

Eine Diskriminierung im Sinne des AGG kommt nicht nur bei der Ablehnung in Frage, sondern kann auch in unterschiedlichen Vertragsangeboten liegen: etwa wenn Männern ein unbefristetes, Frauen aber nur ein befristetes Arbeitsverhältnis angeboten wird.

Unmittelbare und mittelbare Diskriminierung

Eine unmittelbare Benachteiligung liegt vor, wenn ein Bewerber wegen eines der in § 1 AGG genannten Kriterien ungünstiger behandelt wird, als jemand, der dieses Kriterium nicht erfüllt, aber mit der benachteiligten Person vergleichbar ist.[*x*] Eine solche unmittelbare Benachteiligung liegt vor, wenn bei der Stellenausschreibung z.B. alle männlichen Bewerber von vorn herein aussortiert werden.

Bei einer mittelbaren Benachteiligung liegt eine vordergründig neutrale Regelung vor, die sich erst bei genauer Kontrolle als nachteilig für eine bestimmte Personengruppe auswirkt.[*xi*] Es wird ein neuer Mitarbeiter gesucht, der die deutsche Sprache in Wort und Schrift perfekt beherrscht. Dies kann Menschen mit Migrationshintergrund benachteiligen und wäre nur dann gerechtfertigt, wenn dies für die Stelle unabdingbar ist. Ungerechtfertigt wäre es, wenn z.B. ein Gesundheits- und Krankenpfleger gesucht wird.

Geschützter Personenkreis

Der Diskriminierungsschutz setzt schon in der sog. Anbahnungsphase eines Beschäftigungsverhältnisses an.[*xii*] Auch Bewerber zählen zu den Beschäftigen im Sinne des AGG. Allerdings trifft der Schutz des AGG nicht automatisch jeden: Bewerber ist nur, wer sich subjektiv ernsthaft bewirbt und objektiv für eine Anstellung in Betracht kommt (BAG vom 12.11.1998 – 8 AZR 365/97). „Professionelle Diskriminierungskläger" fallen nicht in den Schutzbereich des AGG.

Hinweis - „professionelle AGG-Kläger":

Bis August 2009 bestand für Arbeitgeber und deren Anwälte die Möglichkeit unter der Internet-Adresse www.agg-hopper.de sich gegen missbräuchliche Diskriminierungsklagen von Arbeitnehmern zu wehren. Dort wurden bekannt gewordene AGG-Hopper in einer Liste geführt und es dem Arbeitgeber somit erleichtert professionelle Diskriminierungskläger zu entlarven. Leider hat die betreibende Rechtsanwaltskanzlei aufgrund rechtlicher Bedenken davon Abstand genommen. Eine Nachfolgeseite ist noch nicht bekannt.

3.2 Tendenzbetriebe

Nach der Legaldefinition des §118 Abs. 1 Betriebsverfassungsgesetz (BetrVG) versteht man unter einem Tendenzbetrieb, u.a. einen Betrieb, der unmittelbar und überwiegend politischen, konfessionellen oder karitativen Bestimmungen dient. Für die Tendenzbetriebe gelten einige arbeitsrechtliche Grundsätze nicht oder nur Eingeschränkt. Dies liegt insbesondere darin Begründet, dass diese Unternehmen neben dem Zweck der erwerbswirtschaftlichen Betätigung, insbesondere grundrechtlich geschützte Interessen verfolgen. Ein geradezu klassischer christlicher Tendenzbetrieb ist beispielsweise ein katholisches Krankenhaus. (Art. 4 GG Glaubens- und Religonsfreiheit)

Das AGG wird durch besondere Ausnahmen für Religions- und Weltanschauungsgemeinschaften in seiner Geltung eingeschränkt. So dürfen diese Gemeinschaften die Religionszugehörigkeit als Grundlage für eine unterschiedliche Behandlung ihrer Beschäftigten berücksichtigen. Religionsgemeinschaften haben auch das Recht, von ihren Beschäftigten ein loyales und aufrichtiges Verhalten im Sinne ihres jeweiligen Selbstverständnisses zu verlangen. (Vertiefend. Haase, Kirchliches Arbeitsrecht)

§ 9 AGG - Zulässige unterschiedliche Behandlung wegen der Religion oder Weltanschauung

(1) Ungeachtet des § 8 ist eine unterschiedliche Behandlung wegen der Religion oder der Weltanschauung bei der Beschäftigung durch Religionsgemeinschaften, die ihnen zugeordneten Einrichtungen ohne Rücksicht auf ihre Rechtsform oder durch Vereinigungen, die sich die gemeinschaftliche Pflege einer Religion oder Weltanschauung zur Aufgabe machen, auch zulässig, wenn eine bestimmte Religion oder Weltanschauung unter Beachtung des Selbstverständnisses der jeweiligen Religionsgemeinschaft oder Vereinigung im Hinblick auf ihr Selbstbestimmungsrecht oder nach der Art der Tätigkeit eine gerechtfertigte berufliche Anforderung darstellt.

(2) Das Verbot unterschiedlicher Behandlung wegen der Religion oder der Weltanschauung berührt nicht das Recht der in Absatz 1 genannten Religionsgemeinschaften, der ihnen zugeordneten Einrichtungen ohne Rücksicht auf ihre Rechtsform oder der Vereinigungen, die sich die gemeinschaftliche Pflege einer Religion oder Weltanschauung zur Aufgabe machen, von ihren Beschäftigten ein loyales und aufrichtiges Verhalten im Sinne ihres jeweiligen Selbstverständnisses verlangen zu können.

Die sogenannten „Tendenzbetriebe" wie z.B. die Kirchen bzw. auch Krankenhäuser mit entsprechender Trägerschaft dürfen selbstverständlich bei Suchanzeigen für neue Mitarbeiter auf die vorausgesetzte Religionszugehörigkeit hinweisen - Unternehmen dürfen dies nicht. So ist es ein eindeutiger Verstoß gegen das AGG, wenn z.B. ein Unternehmer in einem Stellenangebot einen Christen als Mitarbeiter für sein Unternehmen sucht.

3.3 Einstellungsverfahren

Große Bedeutung kommt der Stellenausschreibung, dem persönlichen Kontakt (vor allem dem Vorstellungsgespräch) und ggf. dem Ablehnungsschreiben zu. Da der Auswahlprozess im Übrigen – gerade für Externe – weitgehend intransparent ist, liefern diese die wesentlichen, zur Beurteilung eines Anspruchs geeigneten Tatsachen und Indizien.

3.3.1 Ausschreibung

§ 11 AGG enthält das Gebot, Stellen neutral, d.h. ohne Verstoß gegen § 7 Abs. 1 AGG auszuschreiben.

Daher sind Ausschreibungen in Bezug auf die Diskriminierungsmerkmale grundsätzlich neutral zu halten. Sie dürfen keine Anforderungen enthalten, mit denen Bewerber unmittelbar oder mittelbar wegen eines der in § 1 AGG genannten Merkmale in unzulässiger Weise benachteiligt werden. Zwar zieht eine Verletzung dieser Pflicht keine unmittelbaren Sanktionen nach sich, eine Stellenausschreibung, die benachteiligende Anforderungen enthält, kann aber eine so hohe Indizwirkung zu Ungunsten des Arbeitgebers entfalten, dass der Arbeitgeber (Beweislastumkehr, § 22 AGG) das Nichtvorliegen einer Diskriminierung wegen dieses Merkmals kaum wird beweisen können.

Daraus folgt, dass Stellenausschreibungen so allgemein formuliert werden müssen, dass sie sich ausschließlich auf die Tätigkeit selbst beziehen.

„Auf den Eindruck kommt es an":

In allen Fällen, nicht nur der schriftlichen Ausschreibung, sondern auch z.B. bei der mündlichen Bekanntgabe darf die Auswahl nicht anhand der AGG-Merkmale erfolgen. Beispiel: Für eine zu besetzende Stelle werden nur Frauen angesprochen.[*xiii*]

Leerformeln und Floskeln, die sich nicht unmittelbar auf die Tätigkeit beziehen, sollten Sie vermeiden. Insbesondere, da sie nur „Hintergrundrauschen" darstellen und oft vom Wesentlichen ablenken.

Soweit es um Fähigkeiten und Eigenschaften geht, die nichts mit einer Ausbildung zu tun haben, können diese zwar weiterhin in einer Stellenanzeige Erwähnung finden, allerdings ist dann im Hinblick auf eine mittelbare Diskriminierung besonders genau zu prüfen, ob die fragliche Fähigkeit oder Eigenschaft tatsächlich unabdingbar für die Tätigkeit ist. Auch die Formulierung sog. Soft Skills kann diskriminieren und ist daher bei jeder Stellenausschreibung auf ihre Erforderlichkeit hin zu prüfen.

Praxishinweis: Bleiben Zweifel hinsichtlich der Zulässigkeit einer Anforderung, so sollte auf die Einbeziehung in die Ausschreibung verzichtet werden.

Beispiele für Problemfälle:

„Sie sind deutscher Staatsangehöriger“
„Sie beherrschen die deutsche Sprache perfekt in Wort und Schrift“
„Muttersprachler“
„belastbar“ bzw. „stresserprobt“; „unabhängig und flexibel“
„Vorlage eines Lichtbilds“
„Gewicht“ / „Mindestgröße“
„ körperlich kräftig“
„Alter zwischen 25 und 35 Jahren“
„Rentner zum Nebenerwerb“
„Berufsanfänger“ - „Young Professionals“

Beispiel für eine Stellenausschreibung:

Wir sind Akademisches Lehrkrankenhaus der Universität ... und bilden Studenten im letzten Ausbildungsabschnitt, dem praktischen Jahr aus. Träger der Kliniken ist der Verein der Freunde und Förderer ... .

Die Kliniken mit ihren ... bettenführenden Fachabteilungen gelten als Krankenhaus der Schwerpunktversorgung und sind im Krankenhausbedarfsplan des Landes ... aufgenommen.

Wir suchen zum nächst möglichen Termin eine/n

Gesundheits- und Krankenschwester/-pfleger.

Ihre Aufgaben:

- Übernahme der Verantwortung für eine kompetente Ausführung der Pflege und Betreuung von Patienten
- Ausführung einer kompetenten Grund- und Behandlungspflege
- Einsetzen Ihres Wissens als Pflegeexperte/in auf verschiedenen Stationen
- Anleitung von Krankenpflegeschüler/innen, Zivildienstleistenden und Praktikanten
- Die Tätigkeit erfordert ein hohes Maß an Engagement und
- Bereitschaft sich in ein bestehendes Team einzubringen.

Ihr Profil:

- Sehr gut abgeschlossene Ausbildung
- Berufserfahrung in der Grund- und Behandlungspflege
- Hohe Fach-, sowie Sozialkompetenz
- Hohes Verantwortungsbewusstsein

Fühlen Sie sich angesprochen? Wir freuen uns auf Ihre Bewerbungsunterlagen unter der Kontaktadresse: ...

Dem Diskriminierungsrisiko steht das Interesse gegenüber, möglichst viel über den Bewerber zu erfahren und gleichzeitig den Bewerbungsprozess nicht unnötig aufzublähen: Das Verfahren soll möglichst zügig und ohne unnötigen Zeit-, Personal- und Verwaltungsaufwand zum Ziel führen

Die erforderlichen Anforderungen an die Tätigkeit sollten möglichst genau und ausführlich sein. Die Begründung einer Ablehnungsentscheidung fällt ebenfalls um so leichter, je detaillierter die Anforderungen festgelegt sind, welche an die Leistung der Bewerber gestellt werden. Sie müssen zwar nicht alle Anforderungen an die Tätigkeit bereits in der Stellenanzeige nennen; es sollte aber zumindest intern dokumentiert werden, welche Anforderungen erforderlich und welche wünschenswert sind.

Die Tätigkeitsbezeichnung muss weiterhin wie bisher geschlechtsneutral sein, sich also erkennbar sowohl an Männer als auch an Frauen richten. Praktisch bedeutet dies, dass die Berufsbezeichnung in männlicher und weiblicher Form zu formulieren ist. Entweder in der Form beide Geschlechter anzusprechen oder mit dem Hinweis (m/w) hinter der Bezeichnung.

- Gesundheits- und Krankenschwester/-pfleger
- Gesundheits- und Krankenpfleger (m/w)

Regelmäßig werden in einer Stellenausschreibung fachliche und persönliche Anforderungen an den Bewerber gestellt (Sprachkenntnisse: „fließend deutsch in Wort und Schrift“, Anforderungen an die Gesundheit, Berufserfahrung etc.). Diese Anforderungen sind insbesondere mit Bedacht im Hinblick auf das Verbot der mittelbaren Diskriminierung zu wählen, d.h. danach, ob jede dieser Anforderungen zur Ausführung der Tätigkeit erforderlich ist. Nicht erforderlich ist es etwa für die Verrichtung allgemeiner Pflegetätigkeiten, die deutsche Sprache fließend in Wort und Schrift zu beherrschen. Grundlegende Deutschkenntnisse sind jedoch als Voraussetzung für einen reibungslosen Betriebsablauf zumeist gerechtfertigt.

In Stellenausschreibungen sollten künftig bestimmte Vorstellungen in Bezug auf das Lebensalter keine Erwähnung mehr finden. Traditionelle Rollenverständnisse und pauschale Vorstellungen, insbesondere über das Geschlecht, sollen durch das AGG überwunden werden. Es reicht nicht aus, dass der Arbeitgeber pauschal zum Schluss kommt, eine bestimmte Gruppe sei für die ausgeschriebene Stelle nicht geeignet: Auch Frauen und Behinderte können schwere körperliche Arbeit leisten; auch Männer können in der Pflege eingesetzt werden. Für jeden Bewerber ist konkret zu ermitteln, ob er für die Tätigkeit geeignet ist oder nicht.

Auch der übrige Inhalt der Ausschreibung sollte einer kritischen Prüfung standhalten: es ist z. B. nicht auszuschließen, dass etwa die Eigendarstellung des Unternehmens auf eine Diskriminierung hinweist („junges/ aufstrebendes Team“).

„falsch“		**„richtig“**
„Krankenschwester gesucht“	- nicht an Geschlecht anknüpfen	„Gesundheits- und Krankenschwester/-pfleger“
„...deutsche Staatsangehörigkeit)“	- nicht an Abstammung anknüpfen	*(keine Alternative)*
„... mit ansprechendem Äußeren“	- kann behinderte Bewerber benachteiligen	„...mit gepflegtem Erscheinungsbild“
„...zwischen 20 und 30 Jahren“	- Alterskorridor benachteiligt jüngere/ältere	„...mit erster Berufserfahrung“

Möglich ist es auch, die Personalrekrutierung einem Personalberatungsunternehmen oder der Agentur für Arbeit zu übertragen. Der Bewerber erfährt dann von vornherein nicht, welcher Arbeitgeber eine offene Stelle hat. Es ist aber darauf hinzuweisen, dass ein etwaiges diskriminierendes Verhalten des Personalberaters dem Arbeitgeber zugerechnet wird, z.B. wenn der Personalberater die Stelle nicht geschlechtsneutral ausschreibt. Dort bleiben nur eventuelle Schadensersatzansprüche gegen das beauftragte Personalberatungsunternehmen.[*xiv*]

Kontrolle:

Es scheint insoweit notwendig, dass sich der Arbeitgeber von der Rechtmäßigkeit der Stellenausschreibung vor deren Veröffentlichung überzeugt, d.h. Vorlage und gegebenenfalls Korrektur der Stellenausschreibung.[*xv*]

3.3.2 Bewerbungsunterlagen

Bewerbungsunterlagen sind in der Regel der erste direkte Kontakt zwischen dem Bewerber und dem ausschreibenden Unternehmen, welches einen neuen Mitarbeiter sucht.

Die Aufforderung zur Angabe von Erklärungen oder Daten gegenüber dem Bewerber, welche unter Merkmale des § 1 AGG fallen, ist dem Arbeitgeber nicht gestattet. Unzulässig ist also z.B. die Aufforderung zur Angabe des Alters.

Streitig war zunächst, ob ein Foto verlangt werden kann. Unzulässig ist das nach dem Gesetz jedenfalls nicht. Es wird jedoch davor gewarnt, mit der Begründung, dass sich aus dem Foto schließen lasse, welches Geschlecht und welche Haut- und Haarfarbe ein Bewerber habe, sowie ob er männlich oder weiblich sei. Dies könne eine negative Indizwirkung entfalten, und deshalb sei vorsichtshalber auf die Forderung nach dem Lichtbild zu verzichten. Es genügt, wenn Sie in Stellenanzeigen nicht ausdrücklich ein Foto verlangen. Die Aufforderung, „übliche, aussagekräftige Unterlagen" zu schicken, ist unschädlich und wird die meisten Bewerber dazu animieren Ihnen auch ein Foto zuzusenden.

Jürgen Hesse, Gründer des Büros für Berufsstrategie Hesse/Schrader, hat in einem Interview mit dem Spiegel mitgeteilt, „es ist im deutschsprachigen Raum kulturell noch nicht verankert, kein Foto beizulegen. Wir raten nach wie vor, ein Bewerbungsfoto mitzuschicken."

Bewerbungsunterlagen werden auch zukünftig (ungefragt) Informationen enthalten, nach denen der Arbeitgeber nicht zulässig fragen darf. Der Arbeitgeber hat aber keine Hinweispflicht gegenüber den Bewerbern, dass entsprechende Angaben nicht gemacht werden müssen.

Die Erhebung von Daten in Online-Formularen, die Sie dem Bewerber zur Verfügung stellen, welche Sie aber im Einstellungsverfahren nicht zulässig erfragen dürfen, verstößt außerdem auch gegen das Bundesdatenschutzgesetz und kann zu Strafzahlungen führen.

Praxishinweis:

Wegen der Indizwirkung sollte von der Anforderung von entsprechenden Angaben in den Bewerbungsunterlagen Abstand genommen werden, wenn nicht die konkrete Tätigkeit, auf die sich die Bewerbung bezieht, diese Angabe dringend erfordert.

Eine zulässige Möglichkeit ist die Aufforderung „übliche, aussagekräftige Unterlagen“ zu schicken und bei der Online-Bewerbung auf formlose Schreiben zu verweisen.

Es ist dann Sache des Bewerbers, den Inhalt seiner Bewerbung zu bestimmen und freiwillige Angaben zu machen.

Zur Rückgabe der Bewerbungsunterlagen ist der Arbeitgeber verpflichtet, wenn er zur Bewerbung aufgefordert hat. Eine Rückgabepflicht des Arbeitgebers bezüglich unaufgefordert eingegangener Bewerbungsunterlagen besteht grundsätzlich nicht.

Checkliste Bewerbungsunterlagen:

Die sicherste Vorgehensweise ist somit:

- Aufforderung zur formlosen Bewerbung mit der Formulierung „übliche, aussagekräftige Unterlagen".
- Anfertigung von Kopien *aller* Bewerbungsunterlagen (Aufbewahrung bis nach Fristablauf von zwei Monaten, Fristablauf notieren) oder Absendung des Absageschreibens mit dem Hinweis, dass die Unterlagen zunächst noch bei Ihnen verbleiben (zwei Monate).
- Sofort nach Entscheidung schriftliche Ablehnung (ohne Angabe von Gründen).
- Schriftliche Dokumentation der tragenden Gründe der Auswahlentscheidung für die eigenen Unterlagen.
- Vernichtung der Kopien nach Fristablauf bzw. Übersendung der Orginalunterlagen.

3.3.3 Vorstellungsgespräch

Es gibt – auch nach dem Inkrafttreten des AGG – kein Recht, zum Vorstellungsgespräch bei einem Arbeitgeber eingeladen zu werden. Das Vorstellungsgespräch dient dazu, dass Bewerber und Arbeitgeber sich persönlich kennen lernen und ein möglichst umfassendes Bild vom anderen bekommen.

Allerdings beschränkt das AGG das Fragerecht des Arbeitgebers. Soweit Diskriminierungsmerkmale für die Auswahlentscheidung des Arbeitgebers keine Rolle spielen dürfen, ist die Frage nach diesen unzulässig. Die Frage nach einem Diskriminierungsmerkmal ist nur ausnahmsweise zulässig, wenn das Vorliegen oder Nichtvorliegen des Merkmals für die Art der Tätigkeit erforderlich ist.

Übersicht: Zulässige Fragen

- Lebenslauf,
- Abschlüsse, Ausbildung, beruflicher Werdegang,
- weitere Arbeitsverhältnisse,
- Höhe des bisherigen Arbeitsentgelts (wenn dies Aussagekraft über Qualifikation hat),
- Vorstrafen (bei Bezug zum Arbeitsplatz, wenn eine Eintrag im Führungszeugnis),
- Aufenthalts- und Arbeitsgenehmigung

Vor In-Kraft-Treten des AGG ist die Frage regelmäßig nach der Schwerbehinderung oder Gleichstellung eines Bewerbers als zulässig angesehen worden. Mit Geltung des AGG ist die Frage nun wohl als unzulässig anzusehen. Systematisch sei die Neuregelung an § 611a BGB angelehnt, was bereits aus ihrem Wortlaut hervorgeht. Daher ist eine abweichende Behandlung systematisch nicht vertretbar, auch wenn bisher ein höchstrichterliches Urteil noch nicht vorliegt.

Hinweis: Zur späteren Rechtfertigung der getroffenen Auswahlentscheidung und zu Beweiszwecken kann nur *dringend* geraten werden, den Verlauf und Inhalt des Vorstellungsgesprächs schriftlich zu dokumentieren und dieses ggf. mit Zeugen zu führen.

Für die Objektivität des Verfahrens spricht, wenn das Vorstellungsgespräch bei allen Kandidaten nach einem einheitlichen Schema abläuft, dass z.B. ein formularmäßiger Fragenkatalog, wie beim multimordalen Interview, verwendet wird. Dies erhöht die Vergleichbarkeit der Kandidaten, weil Unterschiede deutlicher zu Tage treten.

3.3.4 Ablehnung

Die Ablehnung eines Bewerbers ist bedeutsam, weil es überwiegend abgelehnte Bewerber sein werden, die Ansprüche wegen Diskriminierung geltend machen. Dabei ist der Arbeitgeber rechtlich nicht verpflichtet, seine Ablehnungsentscheidung gegenüber dem Bewerber zu begründen.[*xvi*]

Die Ablehnung sollte daher so allgemein gehalten sein wie möglich. Die Nennung von Ablehnungsgründen ist weder erforderlich noch empfehlenswert.

Nur schriftliche Auskünfte:

Alle in Betracht kommenden Mitarbeiter sollten angewiesen werden, telefonisch oder persönlich keinerlei Auskünfte hinsichtlich der Ablehnungsgründe zu geben, um Diskriminierungsvorwürfen von vornherein die Grundlage zu entziehen.

Ablehnungsschreiben – Textbausteine:

Sehr geehrte/r ...,

leider müssen wir Ihnen mitteilen, dass wir uns hinsichtlich der Stelle ___ in unserem Hause für einen anderen Bewerber entschieden haben.

Sich für jemanden zu entscheiden bedeutet leider auch immer sich gegen jemand anderen entscheiden zu müssen. Wir wünschen Ihnen dennoch für Ihren weiteren Berufs- und Lebensweg alles Gute und viel Erfolg.

oder

wir bedanken uns für Ihr Interesse an unseren Unternehmen.

Zu unserem Bedauern müssen wir Ihnen mitteilen, dass wir Sie nach eingehender Prüfung Ihrer Bewerbungsunterlagen und Auswertung der Vielzahl der eingegangenen Bewerbungen bei der Stellenbesetzung nicht berücksichtigen können. Für Ihre Zukunft wünschen wir Ihnen alles Gute.

oder

wir bedanken uns nochmals für Ihre Bewerbung und das damit bekundete Interesse an einer Mitarbeit in unserem Hause.

Die Resonanz auf unsere Ausschreibung war ausgesprochen groß. Zwischenzeitlich haben wir uns mit den Bewerbungen eingehend befasst, müssen Ihnen aber leider mitteilen, dass wir Sie leider nicht berücksichtigen können. Wir wünschen Ihnen für Ihren weiteren Berufsweg viel Erfolg.

Mit freundlichen Grüßen

3.4 Gerichtliche Überprüfung / Höhe der Entschädigung

Sollte sich ein Bewerber durch das Auswahlverfahren benachteiligt fühlen, so hat er gemäß § 15 Abs. 4 AGG zwei Monate Zeit seine Schadensersatz- oder Entschädigungsansprüche gegen den Arbeitgeber schriftlich geltend zu machen. Die Frist beginnt mit dem Zugang der Ablehnung.

3.4.1 Gerichtliche Kontrolle

Im Prozess muss der Bewerber Indizien darlegen und gegebenenfalls beweisen, die eine Benachteiligung vermuten lassen (§ 22 AGG). Solche Indizien können etwa Äußerungen des Arbeitgebers im Einstellungsverfahren sein oder eine diskriminierende Ausschreibung. Für die mittelbare Diskriminierung muss der Bewerber darlegen und gegebenenfalls beweisen, dass er konkret von einer mittelbaren Benachteiligung betroffen ist oder dass eine hinreichend konkrete Gefahr besteht, dass ihm im Vergleich zu Angehörigen anderer Personengruppen ein besonderer Nachteil droht.

Wenn der Vortrag des Bewerbers eine Benachteiligung vermuten lässt, muss der Arbeitgeber seinerseits darlegen und beweisen, dass kein Verstoß gegen das AGG vorgelegen hat.

Praxishinweis:

Sie sollten ein detailliertes Anforderungsprofil erstellen. Dieses wird schriftlich niederlegt und für jeden Bewerber wird die Erfüllung / Nichterfüllung der Merkmale notiert. Dies kann z.B. anhand einer Übersicht vermerkt werden:[*xvii*]

Damit ist der Auswahlprozess optimal dokumentiert. Zum Beweis, dass die Auswahlentscheidung nicht gegen das AGG verstößt, dient auch das Anforderungsprofil der Stellenausschreibung. Anhand dessen darf der Arbeitgeber all diejenigen Bewerber aussortieren, die hinter diesen Anforderungen zurückbleiben. Dies setzt natürlich voraus, dass das Anforderungsprofil selbst keinen benachteiligenden Inhalt hat.

Zu besetzende Stelle:	
Abteilung:	
Eingruppierung:	
Anforderung gemäß Stellenausschreibung	
Auswahlschritt 1:	
Auswahlschritt 2:	
Auswahlschritt 3:	

Haftung für Dritte

Das Benachteiligungsverbot, das an den Arbeitgeber gerichtet ist, gilt auch für Ausschreibungen, die ein Personalvermittler oder die Bundesagentur für Arbeit verfasst hat: Setzt der Arbeitgeber bei seinem Recruiting Dritte ein, so trifft ihn eine Überwachungspflicht und sind ihm diskriminierende Handlungen des Dritten zurechenbar. Er muss sich, nach einer neueren Rechtsprechung, demnach eine Ausschreibung mit einer z.B. geschlechtsspezifischer Benachteiligung, auch dann zurechnen lassen, wenn die entsprechenden Formulierungen durch einen Dritten und ohne sein Wissen aufgenommen wurden.[*xviii*]

3.4.2 Höhe der Entschädigung bei Nichteinstellung

Verstöße im Einstellungsverfahren gegen das Benachteiligungsverbot, sind in der Regel auf drei Monatsgehälter beschränkt (wenn der Bewerber auch bei benachteiligungsfreier Auswahl nicht eingestellt worden wäre (§ 15 Abs. 2 AGG)). Dass der Bewerber ohne die Diskriminierung eingestellt worden wäre, wird er – wenn der Arbeitgeber keine entsprechende Äußerung von sich gibt – wohl kaum belegen können.

Höhere Entschädigungen sind also vor allem eine Strafe für eigene Unachtsamkeit.

> Fatal für Sie sind also Aussagen wie: „Sie waren unter den letzten beiden Kandidaten, aber wir haben uns dann doch für den Jüngeren entschieden."

3.5 Zusammenfassung

Für Sie als Arbeitgeber haben sich durch die Einführung des AGG neue Hürden aufgebaut. Fehler bei der Personalrekrutierung können bei Nichteinhaltung der Vorschriften des AGG schnell frustrierte und abgelehnte

Bewerber auf den Plan rufen, um zumindest finanziell einen Nutzen zu ziehen.

Dies kann im Ergebnis nur bedeuten, den Auswahlprozess so gründlich wie möglich zu dokumentieren um späteren Ersatzforderungen vorzubeugen.[*xix*] Dies gilt insbesondere für den Ablauf, die Durchführung und den Inhalt des Vorstellungsgesprächs, da dort der persönliche Kontakt zu dem Bewerber am größten ist und die Beweissituation am schwierigsten.

Checkliste: AGG

1. Überprüfen Sie den Status quo in Ihrem Betrieb. Führen Sie unter Umständen auch eine Schwachstellenanalyse der Personaldaten unter „AGG-Gesichtspunkten" durch.

2. Thematisieren Sie das AGG in Ihrem Unternehmen und führen Sie regelmäßig Schulungen zumindest für Vorgesetzte durch.

3. Prüfen Sie folgende Situationen in Ihrem Betrieb auf „AGG-Verträglichkeit" (z.B. geschlechtsneutrale Formulierung, Rechtfertigung von Benachteiligungen etc.):

» Stellenausschreibungen
» Bewerberauswahl
» Vergütungssysteme
» Betriebsvereinbarungen
» Arbeitsverträge
» Betriebliche Übungen

4. Beachten Sie insbesondere bei Stellenausschreibungen folgende Punkte:

» Legen Sie erforderliche Anforderungen an die Position schriftlich fest. (z.B. Qualifikation, Bildungsabschlüsse, berufliche Kenntnisse, etc.) Nehmen Sie nur zwingend erforderliche Anforderungen in die Anzeige auf.

» Schreiben Sie Stellenausschreibungen neutral aus.

» Wählen Sie ggf. Bilder für die Anzeige sehr sorgfältig aus (besser nicht: nur Männer- oder Frauen, nur Personen einer ethnischen Gruppe, etc.)

» Verlangen Sie keine Bild und Altersangabe explizit in ihrer Anzeige. Nutzen Sie hier die Formulierung „aussagekräftige Bewerbungsunterlagen".

» Kontrollieren Sie die Anzeige bei der Beauftragung Dritter vor der Veröffentlichung, ob Indizien für eine Benachteiligung erkennbar sind.

5. Führen Sie Vorstellungsgespräche möglichst immer mit Zeugen.

6. Stellen Sie sicher, dass sämtliche Anforderungen, die im Kriterienkatalog festgelegt wurden, in jedem Gespräch auch abgefragt werden. Erleichtern Sie sich die Arbeit, indem Sie einen schriftlichen Katalog für die Fragen im Bewerbungsgespräch festlegen und abarbeiten.

7. Führen Sie eine Dokumentation und Aufbewahrung aller „AGG-relevanten" Maßnahmen (z.B. Stellenausschreibungen, Bewerbungsunterlagen, Einstellungsentscheidungen, Beförderungen, etc.) durch. Die Aufbewahrung sollte mindestens 2 Monate betragen.

8. Formulieren Sie nur neutrale Absagen. Dokumentieren Sie die Versendung der Absage an den Bewerber. Merke: Das Ablehnungsschreiben kann ein wichtiges Indiz für das Vorliegen einer Benachteiligung darstellen. Daher sollte es möglichst ohne Begründung formuliert werden.

4 Datenschutzanforderungen

In Personalabteilungen ersetzen elektronische oder IT-gestützte Verfahren zunehmend die manuelle Verwaltung und Aufbereitung von Personaldaten. Dies gilt auch für den Bereich der Stellenbesetzung und für Bewerbungsunterlagen. Dabei werden sowohl eigenständig entwickelte als auch Standardprodukte eingesetzt. Hiermit wachsen auch die datenschutzrechtlichen Anforderungen.[*xx*]

Geregelt wird die Datenerhebung, -speicherung und -nutzung durch das Bundesdatenschutzgesetz. Dieses hat im Jahr 2009 eine weitreichende Novellierung erfahren. Geregelt wird der Umgang mit personenbezogenen Daten. Daten sind personenbezogen, wenn sie persönliche oder sachliche Verhältnisse einer natürlichen Person beschreiben.

Rechtsgrundlage:

- Rechtsgrundlage für die Erhebung und Speicherung von Bewerberdaten: § 32 Abs. 1 BDSG (früher: 28 Abs. 1 Nr. 1 BDSG) - Ausbildung, Zeugnisse, Ergebnisse von Tests
- Besondere Arten personenbezogener Daten (§ 3 Nr. 9 BDSG) dürfen regelmäßig nicht erhoben werden (sexuelle Identität, Gewerkschaftszugehörigkeit, Gesundheitszustand, etc.)
- Daten dürfen nur solange gespeichert werden, bis das Bewerbungsverfahren (einschließlich der Gefahr von Rechtsstreitigkeiten) beendet ist. Danach: Löschen

Viele Netzwerke und Jobbörsen sind in der letzten Zeit durch sehr sorglosen Umgang mit sensiblen Daten aufgefallen. Sei es der Datenverlust der Telekom, die Daten von StudiVZ oder die Versteigerung von Bewerbungsunterlagen auf der Internetplattform E-Bay. Dies hat die Datenschutzbeauftragten des Bundes und der Länder auf den Plan gerufen, aktuell sehr genau auf die Einhaltung der Bestimmungen zu achten.

Aufgrund des Grundsatzes der Verhältnismäßigkeit bei der Datenbearbeitung gilt, sowohl bei Bewerbungen auf eine Stellenanzeige als auch bei Initiativbewerbungen, folgendes:

- Bewerbungsunterlagen dürfen nur von den zuständigen Personen (Personalabteilung sowie der Vorgesetzte) eingesehen werden.
- Kommt der Bewerber für die ausgeschriebene Stelle nicht in Frage, ist er aber für eine andere Stelle geeignet, so bedarf es zur Weiterleitung der Unterlagen die Zustimmung des Bewerbers.

- Die Bewerbungsunterlagen müssen sorgfältig aufbewahrt werden und müssen dem Bewerber im Fall einer Absage zurückgesendet oder vernichtet werden.

Beim Umgang mit den Bewerbungsunterlagen muss beachtet werden, dass diese auch nach Übersendung an Ihr Unternehmen weiterhin im Eigentum des Bewerbers stehen. Ein sorgfältiger und schonender Umgang wird daher vorausgesetzt. (Es empfiehlt sich von den interessanten Bewerbungen eine Kopie zu fertigen, um Notizen anzubringen und gegebenenfalls die Unterlagen an die Fachabteilung weiterzuleiten.)

Für Bewerbungsunterlagen gilt weiter: Nach einer erfolglosen Bewerbung müssen diese grundsätzlich an den Bewerber zurückgegeben, beziehungsweise bei digitalen, sprich E-Mail-Bewerbungen, gelöscht werden.

Bei einer Stellenausschreibung haben Sie als ausschreibendes Unternehmen grundsätzlich die Kosten der Rücksendung von Bewerbungsunterlagen zu tragen, da Sie mit Ihrer Ausschreibung den Bewerber veranlasst haben Ihnen seine Unterlagen zur Verfügung zu stellen. Bei der Übersendung der Bewerbungsunterlagen ohne Stellenausschreibung gilt, dass Sie keine Verpflichtung zur Rücksendung der Unterlagen auf Ihre Kosten trifft. Sie müssen dem Bewerber aber die Möglichkeit einräumen die Unterlagen selbst abzuholen oder auf seine Kosten zurück zu senden.

Die Kostenübernahme für die Rücksendung von Bewerbungsunterlagen kann bereits in der Stellenausschreibung ausgeschlossen werden.

Kosten der Bewerbung:

- Die Kosten der Bewerbung trägt nach § 670 BGB der Arbeitgeber
- Ausschluss in der Stellenanzeige möglich.

Z.B. „Bitte haben Sie Verständnis dafür, dass wir Bewerbungsunterlagen nur zurück senden können, wenn Sie einen frankierten und an sich selbst adressierten Rückumschlag beifügen."

Wenn Sie dokumentieren wollen, dass sich ein Bewerber bereits bei Ihnen beworben hat, reicht es aus, eine Ablichtung des Absageschreibens aufzubewahren.

Sie dürfen die Unterlagen und die Dokumentation über das Bewerbungsverfahren jedoch für einen gewissen Zeitraum aufbewahren, um sich gegen einen etwaigen Verstoß gegen das Benachteiligungsverbot nach dem Antidiskriminierungsgesetz (AGG) verteidigen zu können. Nach dem AGG müssen Schadensersatz- oder Entschädigungsansprüche innerhalb einer Zweimonatsfrist geltend gemacht werden (§ 15 Abs.4 AGG).

Daher sind Bewerbungsunterlagen bei einer ablehnenden Bewerbung nach zwei Monaten ab Zugang der Ablehnung zurück zu senden oder zu vernichten. Auch das Bewerbungsschreiben, das häufig sensible Angaben, zum Beispiel über Ausbildung, Fähigkeiten, Werdegang, familiäre Verhältnisse etc. enthält, gehört zu den Bewerbungsunterlagen.

Umgang mit Bewerbungsunterlagen:

- Bewerbungsunterlagen sind Eigentum des Bewerbers
- Bei der Übersendung von Bewerbungsunterlagen ohne Stellenausschreibung/Initiativbewerbungen: Rücksendung nur wenn ausdrücklicher Wunsch und Kostenübernahme
- Bei ausgeschriebener Stelle:

1. Aufbewahrungspflicht bis zum Ende des Bewerbungsverfahrens
2. Rücksendepflicht - auf Kosten des Unternehmens
3. Vertrauliche Behandlung - vor allem bei Bewerbung aus ungekündigter Stellung

Checkliste - Datenschutz	
Was?	Wer?
Wer darf Bewerbungsunterlagen öffnen?	z.B. Personalabteilung
Wer darf die Bewerbungsunterlagen einsehen?	z.B. Personalverantwortlicher, Leiter der Fachabteilung, Geschäftsführung, Betriebsrat
Welche Daten werden erfasst? - BDSG (insb. § 3 BDSG) beachten.	z.B. Personalabteilung
Überwachung der Einhaltung datenschutzrechtlicher Bestimmungen während des Bewerbungsprozesses?	z.B. Datenschutzbeauftragter
Wer ist für die Rücksendung der Bewerbungsunterlagen verantwortlich?	z.B. Personalabteilung
Wer ist für die Löschung der gespeicherten Daten verantwortlich?	z.B. Personalverantwortlicher, Datenschutzbeauftragter

5 Anforderungsprofile und ihr Nutzen bei der Stellenbesetzung

Die wichtigste Voraussetzung für ein effizientes Auswahlverfahren ist die sorgfältige Ermittlung der Erfolgskriterien an die zu besetzende Stelle. Nur wer seine Erwartungen an den künftigen Mitarbeiter vorher genau definiert, kann bei der Personalauswahl überhaupt eine „Passung" feststellen. Es muss Klarheit darüber herrschen, was für ein Mitarbeiter (hinsichtlich Kenntnissen und Fähigkeiten) für welche Aufgaben gesucht wird.[*xxi*] Nichts ist schädlicher für die Auswahl von neuen Mitarbeitern, als das der Auswählende nicht weiß, wen er sucht. Dies führt zu Fehlbesetzungen und Frustration sowohl bei den nicht-eingestellten Mitarbeitern als auch bei den eingestellten Mitarbeitern. Vielfach scheinen sich Personalverantwortliche schon bei der Definition des Anforderungsprofils wenig Gedanken zu machen. Es existiert nur verschwommen in den Köpfen.

Das Ziel des Anforderungsprofils ist es, durch eine ausführliche Arbeits- und Anforderungsanalyse eine Vielzahl von Verhaltensbeschreibungen zu erhalten und diese Mittels des Anforderungsprofils in eine strukturierte Form zu bringen, welche für ein Auswahlverfahren möglichst händelbar ist.

Zusammenfassung: Der Nutzen von Anforderungsprofilen

- Sie ermöglichen eine gezielte Informationsbeschaffung, d.h. sie definieren die „Suchfelder" der Bewerberauswahl und legen damit fest, welche Informationen im Verlaufe des Auswahlprozesses beschafft werden sollten. (Wen suche ich?, Was muss die Person können?, Wie sind die Rahmenbedingungen?)
- Sie gewährleisten die Vollständigkeit der für die Auswahlentscheidung notwendigen Informationen. Nur wenn Sie wissen, was für die Stelle relevant ist, können Sie auch gezielt danach fragen.
- Sie ermöglichen eine objektive Informationsbewertung und verhindern die subjektive Unter- oder Überbewertung einzelner Informationen (Was ist ein A-, B- oder C-Kandidat? Was sind die Stärken und Schwächen bezogen auf die Stelle?)

- Aber: Sie müssen nicht für jede Stelle ein separates Anforderungsprofil entwickeln. Es genügt in den meisten Fällen, wenn Sie pro Bereich ein ausführliches Profil erarbeiten. Suchen Sie die Übereinstimmungen und Unterschiede zwischen den Stellen. Dies schärft bereits Ihren Blick für die Besonderheiten der Stelle.

5.1 Entwicklung von Anforderungsprofilen

Anforderungen sind SOLL-Beschreibungen davon, welche Fähigkeiten und Kompetenzen ein Mitarbeiter zur optimalen Besetzung der Stelle mitbringen sollte. Nach Analyse der Besonderheiten der Stelle und Ihres Unternehmens, ergeben sich unterschiedliche Anforderungen, deren Ausprägungen im Anforderungsprofil abgebildet werden können.

Es sollte alle benötigten und wünschenswerten Voraussetzungen und Kompetenzen einer Person für den zu besetzenden Arbeitsplatz, Aufgabenfeld, einer Ausbildung oder einem Beruf, einschließlich der Merkmale, die für die berufliche Zufriedenheit wichtig sind, enthalten. Ausgehend von diesem Anforderungsprofil werden nun ausgewählte Verfahren der Eignungsdiagnostik eingesetzt, um die Passung zwischen Bewerber und Stelle zu bewerten.[*xxii*]

Das Anforderungsprofil sollte daher mindestens folgende Informationen enthalten:

- Formale/Fachliche Anforderungen wie Vorbildung, Abschluss, Noten, Zusatzzertifikate und ggf. Berufserfahrung
- Persönliche Anforderungen wie Teamfähigkeit, Konfliktfähigkeit, Kritikfähigkeit
- Ggf. Methodenkompetenz und Führungskompetenz

Kompetenzbereiche	Definition	Beispiele
Formale/Fachliche Anforderungen	- Zusammenfassung der notwendigen und gewünschten fachlichen Kenntnisse, die für die Aufgabenerfüllung notwendig sind	- Ausbildung, Examen,... - aktuelles Fachwissen - Weiterbildungen
Personale Anforderungen	- die Fähigkeiten und Eigenschaften im Umgang mit sich selbst und anderen zu einer befriedigenden Interaktion und Kooperation	- Kommunikationsfähigkeit - Konfliktfähigkeit - Selbstreflexion - Zeitmanagement

Methoden- und Führungskompetenz	- die Eigenschaften und Fähigkeiten, die zur Planung und Durchführung der übertragenen Aufgaben notwendig sind und ggf. zur Führung von Mitarbeitern benötigt werden	- strategisches Denken - Gewichtung von Problemen - Durchsetzungsvermögen - Entscheidungsfähigkeit

In der Praxis haben sich zwei Verfahren für die Entwicklung von Anforderungsprofilen etabliert. Es handelt sich um

- die Expertenbefragung
- und die kritischen Verhaltenssituationen (Critical Moments),

wobei beide Methoden nicht immer in Reinkultur vorkommen, sondern weitestgehend in Mischformen angewandt werden.

5.1.1 Expertenbefragung

Bei der Expertenbefragung wird mit dem Stelleninhaber oder dem Stellenvorgesetzen, d.h. der „Fachabteilung“ gemeinsam ein Anforderungsprofil erstellt. Dies kann durch eine Umfrage oder eine Moderation erreicht werden.

5.1.2 Critical Moments

Bei der Methode der kritischen Verhaltenssituationen werden die für die betreffende Stelle „kritischen“ Situationen gesammelt und mit der Fachabteilung besprochen. Dabei versteht man unter kritischen Situationen solche, die besondere Anforderungen an den Mitarbeiter stellen und für den Erfolg von besonderem Gewicht sind.

Beispiel: Ein Mitarbeiter verweigert die Zusammenarbeit mit Mitgliedern seines Teams. Wie reagiert die Stationsleitung? Oder ein Patient bzw. dessen Angehörige verlangen eine besondere Vergünstigung, sonst würden sie sich in Zukunft negativ in der Presse äußern.

Die Liste der Beispiele ließe sich für jede einzelne Stelle fast unbegrenzt erweitern. Wichtig ist, im zweiten Schritt die Verhaltensweisen zu beschreiben, die es aus ihrer Sicht ermöglichen, die kritische Situation erfolgreich zu meistern und ggf. auch, welche Verhaltensweisen zum Scheitern der jeweiligen Situation führen. Das Ergebnis sollen Verhaltensbeschreibungen sein, die im späteren Auswahlverfahren überprüft und hinterfragt werden können.

5.2 Aufbau des Anforderungsprofils:

Vorliegend ist das Anforderungsprofil in sechs Ausprägungsstufen aufgeteilt worden. Eine gerade Anzahl bietet sich immer an, da sonst die Angewohnheit zur mittleren Verteilung besteht und somit zumindest bedingt unterlaufen wird. Die Gewichtung soll zusätzlich die Wichtigkeit in die Bewertung mit einbeziehen, um so eine Feinjustierung zu ermöglichen. Bei der erstmaligen Entwicklung bietet es sich an, die Gewichtung nicht mit einzubeziehen um die Auswahl nicht zu überlasten.

Bezeichnung der Stelle: Gesundheits- und Krankenpfleger/in								
Kompetenz	Ausprägung wenig stark						Punktzahl	Bemerkungen
	1	2	3	4	5	6	(1-6)	
Formale Voraussetzungen								
Abschluss / Note				x			4	
Berufserfahrung			x				3	Mind. 3 Jahre Berufserfahrung
Fortbildungen					x		5	
Aktuelles Fachwissen					x		5	
							17	
Soziale Voraussetzungen								
Kommunikationsfähigkeit					x		5	
Teamarbeit				x			4	
Zuhören können				x			4	
Selbständigkeit			x				3	
							16	
Persönliche Voraussetzungen								
Flexibilität			x				3	
Risikobewusstsein				x			4	
Kritikfähigkeit			x				3	
							10	

Methoden- und Führungskompetenz								
Umgang mit komplexen Problemen				x			4	
Aufwand- und Nutzenbewußtsein			x				3	
Überzeugungskraft				x			4	
Delegieren können			x				3	
							14	
Sonstige Voraussetzungen								
MS-Office			x				3	
Kenntnisse Pflegeakte				x			4	
							7	
Gesamtpunktzahl							64	

5.3 Beispiel für eine Stellenbeschreibung

Aus der Erstellung des Anforderungsprofils mit den spezifischen Stärken wird direkt die Stellenbeschreibung abgeleitet. Als Beispiel für eine fiktive Stelle als Krankenschwester/Krankenpfleger sieht ein mögliches Anforderungsprofil wie folgt aus:

<table>
<tr><td colspan="2">Anforderungsprofil für eine/n Gesundheits- und Krankenpfleger/-in</td></tr>
<tr><td>Stellenbezeichnung:
Gesundheits- und
Krankenpfleger/-in</td><td>Planstellennummer:____________
Stelleninhaber/-in:_____________
Eingruppierung der Stelle:_______</td></tr>
<tr><td>Direkt vorgesetzte Stellen:

Leitung der Station:____________
Stellvertretung:________________
Schichtleitung:________________</td><td>Nachgeordnete Stellen:
▪ Gesundheits- und Krankenpflegehelfer/innen
▪ Schüler/innen in der prakt. Ausb.
▪ Zivildienstende
▪ Stationssekretärin</td></tr>
<tr><td colspan="2">Anforderungen an den/die Stelleninhaber/-in: [Allgemein]
▪ Krankenpflegeausbildung mit gutem Abschluss
▪ Bereitschaft zu kollegialem Verhalten und zur Teamarbeit</td></tr>
</table>

Auf den Patienten bezogen:

Die Gesundheits- und Krankenpfleger/-in

- Erkennt und erfasst die Patientenbedürfnisse (auch seine Möglichkeiten und Probleme) fachgerecht, erstellt Pflegepläne und wertet sie nach Durchführung aus,
- dokumentiert und berichtet über die Wirkung der Maßnahmen und über die Patientensituation
- bereitet die diagnostischen und therapeutischen Maßnahmen ordnungsgemäß vor und führt diese durch

Auf den Krankenhaus betrieb und die Pflege bezogen:

Die Gesundheits- und Krankenpfleger/-in ist verpflichtet

- Mit den medizinischen Geräten in seinem Bereich ordnungsgemäß nach den Vorschriften der MedGV umzugehen
- Mit Medikamenten gemäß den gesetzlichen Vorschriften umzugehen

Auf die Kollegen bezogen:

Die Gesundheits- und Krankenpfleger/-in

- Unterstützt die anderen Mitarbeiter auf der Station nach Notwendigkeit und Möglichkeit (z.B. bei unterschiedlicher Pflegeintensität der Patienten) und nimmt auch selbst Unterstützung an
- Leitet die zugewiesenen Schüler/-innen unter Beachtung der Absprachen des Mentorenkreises an und koordiniert die Unterweisung

Der Einsatz für eine patientenorientierte, menschlich und fachlich kompetente Pflege einerseits und die Kooperation im Stationsteam und innerhalb des Krankenhauses muss ihr oberstes Ziel sein.

Anforderungsprofil erstellt am:

Unterschriften:

Definitionen der zugrunde gelegten Anforderungen:

[Fachbezogene Qualifikation] Die fachbezogene Qualifikation ist Grundlage der gesamten Arbeit. Dazu gehört, einen Überblick über das Fachgebiet zu haben und die Grundlagen zu beherrschen. Dies sollte sehr hoch ausgeprägt sein.

[Teamfähigkeit] Unter Teamfähigkeit wird die Fähigkeit verstanden, sich zur Erreichung des Gesamtziels voll in den Dienst der Gruppe zu stellen. Dazu gehört, sich auf einzelne Gruppenmitglieder einzustellen und auch

die Erfahrungen von Kollegen mit einzubeziehen, genauso wie die Akzeptanz im Kollegenkreis und sich nicht auf Kosten dieser zu profilieren. Eine hohe Ausprägung ist für die Tätigkeit unerlässlich.

[sicheres Auftreten, Einfühlungsvermögen] Darunter wird die Fähigkeit verstanden, Patienten gegenüber als kompetentes Gegenüber aufzutreten und gleichzeitig auf die Gefühle und Bedürfnisse der einzelnen einzugehen. Zumindest eine befriedigende Ausprägung ist wünschenswert.

[Organisationsfähigkeit] Unter Organisationsfähigkeit wird die Fähigkeit verstanden, die Aufgaben und Arbeitsschritte gründlich zu planen und sich durch Unvorhergesehenes nicht durcheinander bringen zu lassen. Die Terminvorgaben und Arbeitsziele werden durch den Mitarbeiter eingehalten. (Beispiele: Medikamentengaben, Untersuchungen, Führen von Unterlagen, etc.) Es ist ebenfalls ein überdurchschnittlich genaues Arbeiten und der Überblick notwendig.

[schriftliche/mündliche Ausdrucksfähigkeit] Der Mitarbeiter argumentiert präzise und sachlich und lässt eine Strukturierung in seinen Aussagen erkennen. Die Art und Weise des Gesprächs ist der Situation angemessen. Im Rahmen der Pflegedokumentation drückt er sich schriftlich klar und verständlich aus und ist genau bei der Ausfüllung der Unterlagen. Eine mittlere Ausprägung ist notwendig.

[Leistungswille, Initiative, Belastbarkeit] Darunter wird unter anderem verstanden, dass der Mitarbeiter hohen Einsatz bei der Realisierung der Ziele zeigt, sich nicht mit durchschnittlichen Leistungen zufrieden gibt und bereit ist, auch mehr zu leisten als gefordert. Auch gibt er sich mit dem Erreichten nicht zufrieden, sondern sucht nach Verbesserungsmöglichkeiten. Ebenso wird vorausgesetzt, dass er sein Leistungsniveau unter Druck über längere Zeit aufrecht halten kann. Die Ausprägung wird auf einem hohen Niveau erwartet.

[Mitarbeiterführung, Integrationsfähigkeit] Dazu gehört die Fähigkeit Aufgaben und Kompetenzen angemessen an nachgeordnete Stellen zu delegieren und die berufliche Entwicklung Unterstellter zu fördern. Auch gehört dazu die Fähigkeit, neue Mitarbeiter gut in das Team zu integrieren und andere für die Tätigkeit zu begeistern. Diese Ausprägung wird ebenfalls auf einem gutem Niveau erwartet.

Als letzter Schritt ist eine Gewichtung der einzelnen Bereiche vorzunehmen. Kein Bewerber wird in der Regel sämtliche Anforderungen aus dem Profil erfüllen. Sie legen durch die Gewichtung fest, welcher der einzelnen Bereiche Priorität haben soll.

Anforderungsprofil für eine/n Gesundheits- und Krankenschwester/-pfleger						
Anforderungen	gering					hoch
	1	2	3	4	5	6
[Formale Voraussetzungen]						X
[Soziale Voraussetzungen]					X	
[Persönliche Voraussetzungen]				X		
[Sonstige Voraussetzungen]					X	

Zwischen den Anforderungskriterien existieren zum Teil fließende Übergänge, es kommt vorliegend auch nicht auf die feste Zuordnung zu genau einem Kriterium an, vielmehr auf die zugrunde gelegten Verhalten und Anforderungen.

Checkliste:

- Legen Sie für die zu besetzende Stelle die Kompetenzbereiche fest. Wer ist die Vorgesetztestelle, wer nachfolgende?
- Ordnen Sie den verschiedenen Kompetenzbereichen die erforderlichen Eigenschaften und Fähigkeiten zu. Welches sind die Critical Moments?
- Wie wichtig sind Ihnen die einzelnen Fähigkeiten und Eigenschaften im Zusammenhang mit der Stellenbesetzung? Gewichten Sie diese.
- Die einzelnen Ausprägungen legen Sie vorher fest und passen Sie diese an die Stelle und Ihre Unternehmensstrategie an.
- Entwickeln Sie aus dem Anforderungsprofil ein Stellenprofil.

6 Personalauswahlprozess

Die „Ressource Mensch“ rückt unweigerlich immer stärker in den Fokus des modernen Personalmanagements.

Um neue Managementkonzepte und Ideen erfolgreich in die Praxis zu übertragen, muss das Verhältnis von Unternehmen zu Mitarbeiter neu definiert werden. Im Rahmen einer immer stärker globalisierten Welt, sind Mitarbeiter immer mehr für den Erfolg ihres Unternehmens entscheidend. Den qualifiziertesten Mitarbeiter zu finden, ist für Unternehmen immer ausschlaggebender.

Das Problem der Personalauswahl ist aber, auch ohne die Änderungen und Verschärfungen durch den Gesetzgeber, so alt wie die Menschheitsgeschichte. Bereits in der Bibel im Buch der Richter (7,1-8) wird ein Personalauswahlproblem überliefert: Als Gideon ein Heer gegen die Midianiter zusammenstellte, war die Zahl der Bewerber so groß, dass er einen Auswahltest durchführen musste. “Wer blöde und verzagt ist, der kehre um!” lautete die erste Auswahlhürde.

Allerdings käme ein Personalverantwortlicher unserer Tage wohl nicht mehr auf die Idee, Personalauswahl mit demselben Verfahren zu betreiben. An Mitarbeiter, die heute ausgewählt werden, stellt ein Unternehmen andere Anforderungen als damals. Die „Schlachten“ werden nicht mehr mit dem Schwert, sondern mit Qualitäts-, Kosten- und Innovationsvorteilen auf globaler werdenden Märkten geschlagen. Hier stellt sich die Frage: Wie gut können wir mit den verfügbaren Auswahlverfahren feststellen, ob der Bewerber neben den fachlichen Anforderungen auch den zunehmenden persönlichen Anforderungen gewachsen ist?[*xxiii*] Bereits Investitionen von wenigen tausend Euro werden sehr sorgfältig geplant, wird jedoch neues Personal eingestellt, so wird die Entscheidung oft auf Basis eines wenige Minuten dauernden Gesprächs getroffen.

6.1 Beurteilung der Personalauswahl

Beruflicher Erfolg hängt von vielem ab, z.B. dem familiären und sozialen Hintergrund, welche Einstellungen und Erwartungen ein Mensch an seine Tätigkeit stellt und vieles mehr. Gleichzeitig kann beruflicher Erfolg inhaltlich unterschiedlich definiert werden. Um zu einem Erfolg für beide Seiten, Arbeitgeber und Arbeitnehmer zu gelangen, sollte eine größtmögliche „Passung“ zwischen Person und Tätigkeit erreicht werden.[*xxiv*] Es kommt dabei nicht darauf an, den am besten qualifizierten Mitarbeiter überhaupt zu finden, sondern den auf die Stelle am besten passenden.

6.1.1 Validität

Die psychologische Berufseignungsdiagnostik bemüht sich, Zusammenhänge zwischen menschlichen Merkmalen und beruflichen Erfolgen zu entdecken und Methoden zu entwickeln, um beides zu messen und zueinander in Beziehung zu setzen.

Mit Validität wird in erster Linie das argumentative Gewicht einer Untersuchung bezeichnet, d.h. Validität bezeichnet die Gültigkeit bzw. Belastbarkeit von Ursache-Wirkungs-Zusammenhängen.

Im Laufe der Zeit wurde eine Vielzahl von Verfahren entwickelt, um den vermeintlich besten Kandidaten zu ermitteln. Darunter finden sich sowohl Verfahren, die sich an so genannten „harten Faktoren" orientieren, wie z.B. Ausbildungsdaten, Berufserfahrung und biographischen Merkmalen, als auch solche, die sich an „weichen Faktoren" halten z.B. soziale Kompetenzen, persönliche Kompetenzen.

Maß für die Aussagekraft einer Auswahlmethode ist die *„prognostische Validität"*.

Darunter versteht man die Korrelation zwischen der verwendeten Auswahlmethode und dem Berufserfolg. Dieser wird anhand von Messwerten ermittelt. Der Zusammenhang wird durch den Korrelationskoeffizienten ausgedrückt. Dieser kann zwischen +1,0 und -1,0 schwanken, wobei +1,0 eine perfekte Prognose für den Berufserfolg bedeuten würde.[*xxv*] Die meisten Auswahlverfahren bewegen sich in einem Bereich zwischen r = 0,10 und r = 0,50. Alle Auswahlverfahren in einem Bereich von r = 0,30 und r = 0,50 sind schon als recht gut einzustufen, alle in einem Bereich von r = 0,50 und r = 0,70 als sehr gut.[*xxvi*]

Validität zur Vorhersage von Berufsleistungen	
Eignungsdiagnostische Instrumente	Validität - r (Spannweite)
Vorstellungsgespräch herkömmlich (unstrukturiert) strukturiert	 0,30 (0,14 - 0,38) 0,51 (0,35 - 0,63)
Assessmentcenter	0,43 (0,37 - 0,70)
Graphologie	0,02 (0,01 - 0,02)
Angelehnt an Schmidt/Hunter - Messbare Personalmerkmale, Potentialfeststellung und Personalentwicklung, 1998, S. 22	

Die ausgewählten Verfahren bewegen sich in einem Bereich von r = 0,02 (Graphologie), was bedeutet, dass zwischen der Auswahlmethode und dem späteren Berufserfolg kein messbarer Zusammenhang besteht, über r = 0,43 (Assessment Center) und r = 0,30 (unstrukturiertes Interview), was für eine gute Validität spricht, bis hin zum strukturierten Interview mit r = 0,51 als sehr valide Auswahlmethode und höchstem Zusammenhang zwischen Berufserfolg und Auswahlmethode.

6.1.2 DIN-Norm 33430

In Deutschland hat alles seine rechte Ordnung, daher wurde auch eine entsprechende DIN-Norm zur Personalauswahl verfasst.[*xxvii*] Als im Jahr 2002 Qualitätskriterien für berufsbezogene Eignungsbeurteilungen definiert wurde, war die Empörung groß: "Bürokratisierung", "viel zu kompliziert", schimpfte etwa die Bundesvereinigung der Deutschen Arbeitgeberverbände. Inzwischen hat sich die Aufregung gelegt. Heute werden knapp 10 Prozent aller Personalauswahlprozesse nach der DIN 33430 abgewickelt. Vor allem große Konzerne, Personalberatungen und der öffentliche Dienst haben sich intern zur Einhaltung festgelegter Qualitätskriterien verpflichtet. Damit sollen teure Fehlbesetzungen vermieden werden; Bewerbern wird ein faires Auswahlverfahren garantiert.[*xxviii*]

Laut der DIN-Norm 33430 („Anforderungen an Verfahren und deren Einsatz bei berufsbezogenen Eignungsbeurteilungen") basiert eine qualitativ hochwertige berufliche Eignungsbeurteilung auf

- einer Arbeits- und Anforderungsanalyse der Ausbildung, des Berufes oder der beruflichen Tätigkeit,

- geeigneten Verfahren zur Feststellung der individuellen Eignung des Bewerbers und
- kompetenten Anwendern für die Auswahl, Durchführung, Auswertung und Interpretation der Verfahren.

Die zur Eignungsfeststellung eingesetzten Verfahren müssen nach DIN 33430 aufgrund der Anforderungsanalyse gerechtfertigt sein und den drei Hauptkriterien genügen:

- Objektivität in Durchführung, Auswertung und Interpretation,
- Zuverlässigkeit in der Erfassung von Eignungsmerkmalen und
- Gültigkeit in der Aussage.[*xxix*]

Heute ist die Norm zwar immer noch nicht sehr verbreitet, aber kaum noch umstritten. Derzeit dient sie sogar als Vorbild für die Entwicklung einer international anerkannten ISO-Norm, die ab Ende 2010 in Kraft treten soll.

6.2 Auswahl und Kombination der Auswahlinstrumente

Wenn Sie eine wichtige Investitionsentscheidung treffen, so wird es für Sie selbstverständlich sein, diese Entscheidung durch umfangreiche Abwägungen und Expertisen abzusichern. Bereits Investitionen von einigen tausend Euro werden sehr sorgfältig behandelt und müssen von jemandem Verantwortet werden.

Wird jedoch Personal eingestellt, so wir dies häufig auf Basis eines kurzen Gesprächs getroffen. Bei einer Mitarbeit von 5 Jahren in Ihrem Betrieb, ist die Einstellung einer Fachkraft bereits eine Investition von mehr als 120.000 Euro.

Allein dies sollte uns vor Augen führen, wie notwendig eine sorgfältige und gut geplante Personalauswahl ist und wie gut die Zeit und der Aufwand hier investiert sind. Zwei Fragen stehen bei der Personalauswahl im Vordergrund:

1) Wie gut sind die Kenntnisse des Bewerbers heute?
2) Wie groß ist sein Entwicklungspotential für die Zukunft?

Als geeignet und valide bieten sich daher die Analyse der Bewerbungsunterlagen und ein strukturiertes Bewerberinterview an. Die formalen Aspekte lassen sich aus den eingereichten Bewerbungsunterlagen entnehmen und der praktische Einsatz der Kompetenzen und Fähigkeiten über die Fallgestaltungen im strukturierten Interview abbilden. Die Form des multimordalen Interviews lässt dabei dem Gesprächsführer ausreichend Möglichkeiten auf die Besonderheiten des Einzelfalls und die Antworten des Bewerbers einzugehen.

6.2.1 Analyse der Bewerbungsunterlagen

Die Bewerbungsunterlagen sind die erste „Visitenkarte", die Sie von Ihrem vielleicht zukünftigen neuen Mitarbeiter zu sehen bekommen. Daher ist bereits direkt nach dem Eingang der Unterlagen genau zu prüfen, ob und wieweit Unterlagen mit dem Anforderungsprofil der zu besetzenden Stelle übereinstimmen. Bei der aktuell vorkommenden „Bewerbungsflut" für viele Stellenausschreibungen ist es bereits an dieser Stelle im Bewerbungsverfahren notwendig, eine Vorauswahl zu treffen um die geeignetsten Bewerber für die zu besetzende Stelle zu identifizieren.

Dabei sind unterschiedliche Anforderungen an die Bewerbungsunterlagen zu stellen, je nachdem, ob es sich um eine Bewerbung für eine Führungskraft, eine Fachkraft, eine Hilfskraft oder einen Auszubildenden handelt. Bei einer Führungskraft werden andere Anforderungen an die optische Aufmachung und die Struktur der Unterlagen zu stellen sein, als bei einer Hilfskraft. Auch der Einsatzbereich ist entsprechend zu berücksichtigen. So sind an eine gewerbliche Hilfskraft andere Anforderungen zu stellen, als an eine Hilfskraft im Bürobereich.

Bei einigen Stellen sind u.a. auch gesetzliche Anforderungen zu beachten, so dass diese formalen Anforderungen bereits Ausschlusskriterien darstellen. Die Prüfung der Bewerbungsunterlagen hinsichtlich dieser Kriterien, wie z.B. Schulabschluss, Ausbildung, Berufserfahrung, etc. erspart Ihnen ggf. viel Zeit und Mühe.

Der Eingang der Bewerbungsunterlagen kann auf verschiedene Weise erfolgen:

- per Post,
- als persönliche Abgabe oder auch
- Online / per E-Mail

Es empfiehlt sich die Unterlagen einer ersten groben Durchsicht zu unterziehen, um zu identifizieren, welche Bewerber von vornherein für die zu besetzende Stelle nicht in Betracht kommen, da sie die Mindesterwartungen/-anforderungen nicht erfüllen können. Es haben sich klassisch die A-B-C-Stapel durchgesetzt.

A-B-C-Stapel:

A = Die Bewerber, die bei der ersten Durchsicht die Anforderungen am besten/vollständig erfüllen.

B = Die Bewerber, die zwar nicht alle Anforderungen erfüllen, aber für die Besetzung in Betracht kommen.

C = Die Bewerber, die für die Stellenbesetzung nicht in Betracht kommen.

Beim Eingang der Bewerbungsunterlagen sollten diese kurz in einer Liste erfasst werden, was dazu dient, den Überblick zu behalten und den Weg der Bewerbung in Ihrem Unternehmen genau festzulegen. Diese Liste sollte zunächst so gestaltet sein, dass sie einen schnellen Überblick über die Bewerber gibt.

Checkliste: Bewerbunsunterlagen - Übersicht

Name	Vorname	Wohnort	Abschluss	Weiterbildung	Berufserfahrung	Bemerkungen	Arbeitszeit	Stapel A-B-C

Für die Bewerbungsunterlagen des Stapels A und gegebenenfalls einer Auswahl des Stapels B fertigen Sie eine detaillierte Übersicht über die Bewerbung, des Bewerber und dessen Qualifikationen an. Sie haben damit alle für Sie wichtigen Informationen auf ein bis zwei Seiten und können sich einen schnellen Überblick über die Vorzüge der einzelnen Bewerber verschaffen.

<table>
<tr><th colspan="4">Checkliste: Bewerbungsunterlagen</th></tr>
<tr><td>Name/
Vorname:</td><td>Eingang am:</td><td colspan="2">Stelle:</td></tr>
<tr><td></td><td>ansprechend
gut ...</td><td>durchschnittlich</td><td>schlecht</td></tr>
<tr><td>Anschreiben:
- Umfang
- Fehlerfreiheit
- Layout, Gestaltung
- Formulierungen
- Motivation</td><td></td><td></td><td></td></tr>
<tr><td colspan="4">Bemerkungen:</td></tr>
<tr><td>Lebenslauf:
- Vollständigkeit
- gut gegliedert
- Entwicklung erkennbar
- Lücken</td><td></td><td></td><td></td></tr>
<tr><td colspan="4">Bemerkungen:</td></tr>
<tr><td>Zeugnisse/Beurteilungen:
- Ausbildungszeugnisse
- gute Beurteilungen
- staatl. Anerkennung
- Berufserfahrung
- fachl. Kenntnisse</td><td></td><td></td><td></td></tr>
<tr><td colspan="4">Bemerkungen:</td></tr>
<tr><td colspan="4">Gesamteindruck:</td></tr>
<tr><td colspan="4">Einladung zum Gespräch? (ggf. Bemerkungen)</td></tr>
</table>

[Anschreiben] Die Erwartungen an ein Anschreiben sind sehr unterschiedlich. Die einen halten das Anschreiben für den wichtigsten Teil der Bewerbung, andere legen das Anschreiben direkt zur Seite. Es richtet sich direkt an Sie als Empfänger der Bewerbung und ist es durchaus wert beachtet zu werden.

In diesem Dokument erfahren Sie viel über die Motivation des Bewerbers und können bestenfalls bereits einiges über die Fähigkeiten des Bewerbers erfahren. Es verschafft einen ersten Eindruck und vergleicht die Stellenanforderungen mit dem Bewerberprofil.

Das Anschreiben sollte in der Regel nicht mehr als eine DIN A4 Seite umfassen, fehlerfrei und klar gegliedert sein.

[Lebenslauf] Der Lebenslauf sollte lückenlos über den beruflichen Werdegang informieren. Er sollte klar gegliedert sein, um Ihnen einen schnellen Überblick zu ermöglichen. Das Wesentliche muss übersichtlich und in der richtigen Reihenfolge dargestellt werden.

Der Lebenslauf sollte mit Computer oder Schreibmaschine geschrieben werden. Der Umfang erstreckt sich auf ein bis maximal zwei Seiten. Zusätzlich kann ein Deckblatt angelegt werden. Es gibt den funktionalen, den ausführlichen und den tabellarischen Lebenslauf.

Am gebräuchlichsten ist der tabellarische Lebenslauf. Dieser kann chronologisch oder umgekehrt chronologisch (letzte Tätigkeit zuerst) strukturiert werden.

[Zeugnisse/Beurteilungen] Das Arbeitszeugnis bzw. Beurteilungen spielen bei der Bewerbung die zentrale Rolle. Es stellt laut Bundesarbeitsgericht einen wichtigen Faktor im Arbeitsleben dar. Einerseits muss es wahr sein - andererseits darf es das weitere Fortkommen des früheren Mitarbeiters nicht ungerechtfertigt erschweren.

Aufgrund dieser Voraussetzungen hat sich rund um das Arbeitszeugnis ein durchweg verklausulierter Aufbau und Sprachstil eingebürgert, der verstanden werden muss.

Zeugnisaufbau:

- Überschrift - Bezeichnung der Zeugnisart: Zwischenzeugnis, Praktikantenzeugnis etc.
- Einleitungssatz - Personalien des Mitarbeiters sowie die Dauer des Arbeitsverhältnisses
- Aufgabenbeschreibung - Position des Mitarbeiter und Beschreibung seiner Aufgaben
- Leistungsbeurteilung - Arbeitsweise, -leistung und -erfolge des Mitarbeiters
- Verhaltensbeurteilung - Verhalten zu Vorgesetzten, Kollegen und Patienten
- Schlussabsatz

6.2.2 Bewerbungsinterviews

Bewerbungsinterviews, sog. Vorstellungsgespräche, sind nach der Auswertung der Bewerbungsunterlagen, die am meisten verbreitete Methode der Personalauswahl.[*xxx*]

Das Gespräch als eignungsdiagnostische Methode genießt hohe Wertschätzung, nicht nur seitens der Verwender, sondern auch von Seiten der Bewerber. Beide sehen das Gespräch als taugliche Methode an, sich ein Bild vom Gegenüber zu machen und relevante Informationen als Entscheidungsgrundlage zu gewinnen. Beide schätzen an der Gesprächssituation die Möglichkeit des direkten persönlichen Austauschs und halten die dabei zu gewinnenden Hinweise für glaubhafter als die aus schriftlich übermittelten Information.[*xxxi*]

Der Durchführungsmodus reicht von der völlig freien Gesprächsform über teilstrukturierte bis zu vollstrukturierten Varianten mit standardisierten Abläufen und Fragestellungen. Die Fragestellungen beziehen sich insbesondere auf eignungsrelevante Erfahrungen und Ausbildungen, auf fachliche Kenntnisse, Aspekte des Lebenslaufs und deren subjektive Verarbeitung, gelegentlich auch auf persönliche Bereiche wie den des familiären Hintergrunds. In erweiterter Form sind auch Arbeitsproben oder kleine Rollenspiele integriert.

6.2.2.1 Herkömmliches Interview

Das Vorstellungsinterview kann zunächst definiert werden, als „zweiseitiger Austausch von arbeitsrelevanten Informationen zwischen Repräsentanten des Unternehmens und Bewerbern mit dem Ziel, den qualifiziertesten Bewerber für das Unternehmen zu interessieren, zu selektieren und einzustellen“.

Im freien Interview wird vor dem Gespräch kein Gesprächsleitfaden festgelegt. Der Interviewer nimmt entweder den Lebenslauf des Kandidaten als Leitlinie oder entscheidet aus der spontanen Situation heraus, welche Fragen er dem Kandidaten stellen will. Diese wenig bis nicht strukturierte Form des Interviews wird in den meisten Unternehmen und von den meisten Personalverantwortlichen favorisiert.

Problematisch ist dabei die Gewinnung von erwünschten und erforderlichen Informationen, sowie die Vergleichbarkeit der Kandidaten untereinander. Vieles hängt von der Erfahrung des Interviewers und einem „Bauchgefühl" ab, „den Richtigen schon finden zu können". Ein objektives Beobachten in einem Interview, wie es vielfach propagiert wird, ist indes Fiktion. Erfahrungen, Einstellungen und Erwartungen beeinflussen Beobachtungen immer. Der Interviewer ist insoweit ein Produkt seiner früheren Erfahrungen. Auch eine Funktion im Unternehmen stellt sich nicht „objektiv" dar, sondern als das, was der bisherige Stelleninhaber daraus gemacht hat. Deshalb vermischen sich häufig Merkmale von Personen und Funktionen zu einem subjektiven Erwartungswert.

Ein nicht ausreichend erfahrener Interviewer hört und sieht daher oft, was er in der jeweiligen Situation vom Kandidaten erwartet. Wenn ein Bewerber beispielsweise perfekte Bewerbungsunterlagen geschickt hat und gut gekleidet zum Vorstellungsgespräch erscheint haben viele Interviewer bereits vor dem Gespräch die Erwartung, „Das ist ein geeigneter Kandidat."[*xxxii*] Vor diesem Hintergrund einer wohlwollenden Erwartung, läuft das Interview positiver ab, als vor dem Hintergrund einer kritischen oder neutralen Einstellung. Der gegenteilige Fall, die Überbetonung von negativen Informationen, ist bei Interviewern indes bei weitem häufiger anzutreffen.

Dabei ist festgestellt worden, dass negative Informationen stärker beeinflussen als positive. Ein früherer negativer Eindruck hatte in 84,5% der Fälle eine Ablehnung zur Folge. Es konnte insoweit experimentell bestätigt werden, dass im Durchschnitt 8,8 positive Informationen benötigt werden, um einen ursprünglich negativen Eindruck zu verändern. Im Gegensatz dazu wurden nur 3,8 negative Informationen benötigt, um einen ursprünglich guten Eindruck zu verschlechtern.[*xxxiii*]

Hinzu kommt, dass Interviewer ihr Urteil, ob der Kandidat zum Unternehmen und auf die Stelle „passt", häufig in den ersten drei bis vier Minuten treffen. Es wird dabei dann der erste Eindruck herbeizitiert und das Gespräch mit dem Kandidaten wird nur noch geführt, um diesen ersten

Eindruck zu verfestigen. Das Interview wird zu einer „Self-Fulfilling Prophecie".[*xxxiv*]

Zusammenfassung: Probleme und Fehlerquellen des Interviews.

- Dokumentation des Interviews und Vergleichbarkeit der Kandidaten untereinander
- Interviewer wird durch negative Informationen stärker beeinflusst als durch positive
- Interviewer treffen bereits eine Vorauswahl nach dem ersten Eindruck
- Die Bewertung der Antwort wird durch die Einstellung des Interviewers stark beeinflusst
- Durch vorherige Informationen wird das Interview zu „self fulfilling prophecies"

6.2.2.2 Strukturiertes Interview

Bereits seit 1915 widmet sich die psychologische Forschung der Frage, ob das Interview ein geeignetes eignungsdiagnostisches Instrument ist. Die Ergebnisse und die Erkenntnisse in anderen Forschungsgebieten (Prozess der Urteilsbildung und Entscheidungsfindung, etc.) zeigten die Notwendigkeit auf, das Interview-Verfahren methodisch zu verbessern. Dabei zeigte sich, dass eine stärkere Strukturierung des Interviews zu zuverlässigeren Ergebnissen führt, und auch die Diskriminierung bestimmter Gruppen reduzierte.

Das strukturierte Interview besteht aus einer Abfolge von mehreren Gesprächskomponenten. Diese Komponenten dienen der diagnostischen Urteilsbildung, das heißt, dass die Antworten und das Verhalten des Interviewten bewertet werden.

Im Laufe der Jahre haben sich unterschiedliche Formen von strukturierten Interviews herausgebildet (Behavior Descrition Interview, Situative Interview, Multimodale Interview, Entscheidungsorientiertes Gespräch). Auch der Anteil der Strukturierung schwankt von vollständig bis wenig strukturiert. Die verschiedenen strukturierten Interviewtechniken haben ein einheitliches Grundschema, werden indes durch spezifische Besonderheiten ergänzt. Im Folgenden wird zwischen diesen nicht dezidiert unterschieden, sondern ein integriertes Interviewsystem präferiert, welches einerseits an vergangenen Situationen anknüpft und den Kandidaten bittet, über bisheriger Erfahrungen zu berichten; andererseits hypothetische Szenarien entwirft und den Bewerber bittet, ein für sinnvoll erachtetes Verhalten zu entwerfen.[*xxxv*]

Allgemeine Strukturierungselemente von Interviews

Auf den Inhalt des Interviews bezogen:

- Erstellung von Anforderungsprofilen und anforderungsbezogenen Fragen
- Standardisierung durch Interviewleitfäden
- Verwendung von günstigen Frageformen und -techniken

Auf den Interviewer bezogen:

- Detaillierte Notizen während des Interviews

Auf die Auswertung bezogen:

- Einsatz von Bewertungsskalen
- Vergleichen von Antworten und Anforderungskriterien

Interviewleitfaden

Während das „Was“ eines Interviews durch das Anforderungsprofil vorgegeben ist, wird das „Wie“ durch den Interviewleitfaden bestimmt. Es ist die Aufgabe des Interviewers, durch seine Fragen im Interviewleitfaden herauszufinden, ob ein Bewerber das Anforderungsprofil erfüllt oder nicht. Beim Interview sind die Fragen das Salz in der Suppe. Sie sind die Hauptinformationsquellen im Gespräch mit dem Bewerber.

Um die Kompetenzen eines jeden Bewerbers richtig und möglichst vollständig erfassen zu können, wurde oben das Anforderungsprofil für einen Gesundheits- und Krankenpfleger entwickelt. Die festgelegten Kompetenzen sind in den Fragebogen übernommen und mit, anhand des Anforderungsprofils entwickelten, Fragen ergänzt worden.

Die jeweiligen Fragen sind als Einstieg in den jeweiligen Merkmalsbereich konzipiert worden. Es liegt in der Verantwortung des Interviewers, vertiefende Fragen in dem Bereich zu stellen. Dabei müssen indes nicht alle Fragen aus den jeweiligen Themenbereichen jedem Kandidaten vollständig gestellt werden. Vielmehr kommt es auf ein ausgewogenes Gespräch an, in dem sich der Interviewer ein Bild von der Qualifikation in diesem Themenbereich machen kann.

In der ersten Spalte befinden sich Fragen an den Bewerber, welche jeweils einen Merkmalsbereich zugeordnet sind. In der zweiten Spalte wird jeweils auf den Hintergrund und das Ziel der Frage eingegangen. Der eigentliche Interviewleitfaden befindet sich im Anhang.

Durchführung des Interviews

Auch bei noch so guter Vorbereitung, kann ein Interviewleitfaden nie alle Fragen enthalten, die ein Interviewer in einem Interview stellen muss, um ein fundiertes Bild über den Bewerber zu erhalten. Mit einer vorbereiteten Frage schafft der Interviewer zunächst nur einen Einstieg in einen bestimmten Merkmalsbereich. An der Antwort des Bewerbers kann dann darauf geschlossen werden, ob Erfahrungen in diesem Bereich vorliegen. Es ist dann Aufgabe des Interviewers durch Zusatzfragen solange nach zufassen, bis eine ausreichende Informationsbasis zur Bewertung des Kandidaten vorliegt.

Der Inhalt eines Interviews legt sich auf folgende Fragebereiche fest:

Fragen aus der *Analyse der Bewerbungsunterlagen*: Welche Angaben fehlen, bzw. sind unvollständig und welche sind unklar bzw. widersprüchlich?	Hierbei geht es in erster Linie um einen vollständigen und nachvollziehbaren Überblick über die bisherige Biographie des Bewerbers. Dabei steht die Vervollständigung der so genannten „hard facts" im Vordergrund.
Fragen aus den *Anforderungskriterien*: Wie wurden/werden die Anforderungen in früheren/hypothetischen Situationen bewältigt?	Im Hauptteil des Vorstellungsinterviews sollte versucht werden, dass Vorhandensein und die Ausprägung der Anforderungskriterien zu ermitteln. Um abschätzen zu können, wie die Bewerber künftige Situationen meistern, werden Fragen nach Situationen in der Vergangenheit gestellt bzw. bei Berufsanfängern und Quereinsteigern werden hypothetische Situationen kreiert. Diese Interviewphase nimmt in der Regel den meisten Raum ein. Die Klärung der „soft skills" steht dabei im Vordergrund.
Formale Fragen bezüglich des künftigen Arbeitsverhältnisses.	Am Abschluss des Gespräches müssen die formalen vertraglichen Bedingungen geklärt werden. Hier treffen die Erwartungen und Forderungen des Bewerbers und das Angebot des Unternehmens aufeinander. Es geht dabei insbesondere um Klärung der Gehaltsvorstellungen, Kündigungsfristen und sonstige formale Aspekte.

Aus dieser inhaltlichen Gliederung ergibt sich auch eine formale Gliederung, wie das Interview optimal gestaltet werden kann.

	Eröffnungsphase	Orientierungsphase	Sondierungsphase	Schlussphase
Inhalt	Begrüßung, Vorstellung der Teilnehmer, Information über den Ablauf des Gesprächs und das Unternehmen bzw. die Stelle	Fragen aus der Analyse der Bewerbungsunterlagen und Orientierungsfragen	Anforderungsbezogene Fragen (Einsatz des Interviewleitfadens)	Informationen über den Arbeitsplatz, Klärung von vertraglichen Konditionen (Gehalt, Einstellungstermin, ...), Verabschiedung
Ziel	Eis brechen, Kontakt herstellen, gleichen Informationsstand herstellen, Orientierung geben	Schließen von Informationslücken aus den Bewerbungsunterlagen	Sammeln von Informationen bezüglich der Anforderungskriterien	Überblick über das Angebot des Unternehmens, Informationen über weiteres Vorgehen

Interviewfragen - Gesundheits- und Krankenpfleger	
Interviewfragen:	**Hintergrund der Fragen:**
Fachbezogene Qualifikation:	
Was erscheint Ihnen an dieser Tätigkeit attraktiv, was interessiert Sie am meisten?	Mit diesen Fragen sollen die Vorkenntnisse und Qualifikationen, sowie Motivationen, die fachlichen Kenntnisse, die Ziele und Interessen des Bewerbers ermittelt werden.
Was halten Sie für Ihre fachlichen Stärken? Was haben Sie in Ihrer bisherigen Tätigkeit als ____________ gelernt?[*xxxvi*]	Welches sind die beruflichen Schwerpunkte und Entwicklungswünsche des Bewerbers? Über welches Hintergrundwissen verfügt er?

Teamfähigkeit: Wie bewerten Sie Ihre Beziehung zu Ihren gegenwärtigen Kollegen?, Haben Sie den Eindruck, dass Sie Ihren Kollegen viel voraus haben?[*xxxvii*] Können Sie uns an einem Beispiel schildern, wie Sie in der Vergangenheit erfolgreich in einem Team gearbeitet haben? Beschreiben Sie eine Situation, in der Sie die Teamarbeit entscheidend voranbringen konnten. Wie sind Sie vorgegangen?, Was waren die Ursachen für den Erfolg?[*xxxviii*]	Besitzt der Bewerber einen hinreichend hohes Maß an Anpassungsfähigkeit um sich in ein Team zu integrieren? Welche Rolle nimmt er im Team ein? Ist er in der Lage, auch mit schwierigen Personen zusammenzuarbeiten?
Sicheres Auftreten, Einfühlungsvermögen: Mit welchen Adjektiven würden Sie selbst Ihr Auftreten beschreiben? Wie sehen Sie sich selbst? Beschreiben Sie eine Situation, in der Sie sehr selbstsicher auftraten? Wie hat sich das geäußert? Wie haben die anderen reagiert? Was würden Sie aus heutiger Sicht anders machen?[*xxxix*] Was waren die schwierigsten Personen, mit denen Sie zurechtkommen mussten? Wie gut ist Ihnen das gelungen? Nennen Sie uns bitte ein Beispiel, wie Sie sich auf Ihren Gesprächspartner einstellen.[*xl*]	Hat der Bewerber in seinen Aussagen einen kompetenten sicheren Eindruck hinterlassen? Stimmt die Einschätzung des Interviewers mit der Selbsteinschätzung des Bewerbers überein? Konnte er in der Vergangenheit die Bedürfnisse seines Gegenübers richtig erkennen und hat er auf die Situationen angemessen reagiert?
Organisationsfähigkeit: Wie behalten Sie den Überblick über unerledigte Arbeiten?[*xli*]	Unterteilt/strukturiert der Kandidat seine Arbeitsaufgaben in Arbeitspakete,

Beschreiben Sie eine Situation, in der Sie eine Aufgabe zu erledigen hatten, bei der es auf Details und Genauigkeit ankam. Worum handelte es sich? Wie sind Sie vorgegangen? Was war das Ergebnis?[*xlii*]	Teilziele, Unterziele? Hat er in Vergangenheit seine Aufgaben zuverlässig, pünktlich und gewissenhaft erledigt? Wie stellt er einen dauerhaften Erfolg in seinen Tätigkeiten sicher?
Leistungswille, Initiative, Belastbarkeit: Nennen Sie uns bitte eine Situation, in der Sie höchsten Arbeitseinsatz gezeigt haben. Hat es sich rückblickend für Sie gelohnt, sich so ins Zeug zu legen?[*xliii*] Wie entspannen Sie sich nach einem anstrengenden Arbeitstag?[*xliv*]	Handelt der Bewerber selbstständig und ohne Aufforderung oder zwingende äußere Umstände? Wie ist der Kandidat in der Vergangenheit mit beruflichen Miss-/ Erfolgen umgegangen? Schreckt er nicht vor schwierigen Situationen zurück? Hat er einen Ausgleich zu beruflichen Anspannungen (Gefahr: Burn-Out-Syndrom)?
Mitarbeiterführung, Integrationsfähigkeit: Wie delegieren Sie Aufgaben an die Ihnen unterstellten Krankenpflegeschüler/innen, Praktikanten/innen, Zivildienstleistende? Wie kontrollieren Sie deren Arbeitsergebnisse?[*xlv*] Manchmal sind nicht alle Beteiligten mit einer Entscheidung zufrieden. Beschreiben Sie eine Situation, in der sie eine unpopuläre Entscheidung getroffen haben. Wie sind Sie mit der Situation umgegangen?[*xlvi*]	Macht sich der Bewerber Gedanken über die nachfolgenden Stellen; die Qualifikation der Mitarbeiter; bindet er diese mit ein? Hat er sich in der Vergangenheit in die Lage seines Gegenübers hinein versetzt und versucht, Situationen aus verschiedenen Blickwinkeln wahrzunehmen? Kann er eine Entscheidung auch gegen den Wunsch anderer durchsetzen? Versucht er trotzdem anderen Mitarbeitern seine Entscheidungen zu erläutern?

Schriftliche / mündliche Ausdrucksfähigkeit: Versteht die/der Kandidat/in es, seine Gedanken präzise in Worte zu fassen und diese zu vermitteln? Strukturiert er/sie seine/ihre Aussagen?, Ist er/sie klar in der Aussage?, Spricht er/sie deutlich mit Betonung?, Spricht er/sie der Situation angemessen und passt seinen/ihren Sprachstil an? Überzeugen die Bewerbungsunterlagen in ihrer schriftlichen Darstellung?, Befinden sich in den Bewerbungsunterlagen Fehler?, Passen die Unterlagen zu der Person, die Sie im Vorstellungsgespräch kennen gelernt haben?	Hier soll beurteilt werden, welchen Eindruck der Bewerber hinsichtlich der schriftlichen/mündlichen Ausdrucksfähigkeit hinterlassen hat.

Interview-Eröffnung

Die Interview-Eröffnung entscheidet maßgeblich darüber, in welchem Klima das Vorstellungsgespräch stattfindet. Der Bewerber sollte sich beim Gespräch „in seiner Haut wohlfühlen“ können. Dazu ist ein Gefühl der persönlichen Wertschätzung notwendig. Der Interviewer sollte insbesondere auf einen positiven Einstieg und einen positiven Abschluss des Gesprächs achten. Dies auch bei Kandidaten, die im Nachhinein eine Absage erhalten.

Es ist vom psychologischen Standpunkt aus erheblich schwieriger, ein Unternehmen wegen des (angeblichen) Verstoßes gegen das AGG zu verklagen, welches einem das Gefühl der persönlichen Wertschätzung vermittelt hat. Hinzu kommt ein nicht zu unterschätzender Imageeffekt im Rahmen eines „Employers-Branding“.

Gesprächseröffnung:

„Guten Tag Herr ..., wir freuen uns Sie bei uns begrüßen zu dürfen. Ich hoffe Sie hatten eine angenehme Anreise und nicht zu viele Schwierigkeiten uns zu finden.

...

Bevor wir mit unserem Gespräch beginnen, darf ich mich Ihnen kurz vorstellen. Ich bin Frau ... .Sie kennen mich ja bereits aufgrund unseres Telefonats. Ich bin als Pflegedienstleitung in unserem Hause zuständig für... .

Aufgrund der Bedeutung, die wir unserem Personal zumessen, führe ich alle Gespräche persönlich. Unser Gespräch wird ca. 1 - 1,5 Stunden dauern. Ich habe mir vor unserem Gespräch Ihre Bewerbungsunterlagen angesehen und mir einige Fragen notiert. Ihr Einverständnis vorausgesetzt werde ich mir während des Gesprächs Notizen machen, damit ich keine wesentlichen Punkte vergesse. Am Ende des Gesprächs werde ich versuchen, Ihre Fragen ausführlich zu beantworten.

Sind Sie mit dieser Vorgehensweise einverstanden?"

Orientierungsphase

Nachdem eine Beziehung zum Bewerber hergestellt wurde, beginnt das Interview mit der Klärung von Fragen, die sich aus den Bewerbungsunterlagen ergeben haben. Es gilt insoweit Lücken aus den Bewerbungsunterlagen zu schließen, Verständnisprobleme zu klären und Widersprüche aufzudecken. Zur Abrundung der Orientierungsphase ist es oft auch hilfreich, dem Bewerber die Möglichkeit zu geben, seinen beruflichen Werdegang zu schildern. Der schriftliche Werdegang liegt dem Interviewer in Form der Bewerbungsunterlagen zwar vor, es ist aber dennoch interessant, die Schwerpunktsetzung und Kommentierung des Bewerbers zu den einzelnen Stationen zu hören. Das Eingehen auf den bisherigen beruflichen Kontext hat auch den Vorteil, dass der Interviewer einen direkten Übergang zu den vorbereiteten Verhaltensfragen im Interviewleitfaden bekommt.

Selbstdarstellung:

„Nachdem wir die Ziele und den Ablauf geklärt haben, möchte ich Ihnen eine Reihe von Fragen stellen, um Sie näher kennen zu lernen. Als Einstieg möchte ich Sie bitten, uns einen kurzen Überblick über Ihre bisherige berufliche Tätigkeit zu geben.

...

Vielen Dank für diese ausführliche Schilderung. Ich habe in Ihren Bewerbungsunterlagen gelesen, dass ... . Könnten Sie auf diesen Punkt noch einmal eingehen?“

Sondierungsphase

In der Sondierungsphase soll die Persönlichkeit des Bewerbers in den Mittelpunkt rücken. Die Fragen aus dem Interviewleitfaden sollen dem Interviewer helfen, einen Einblick zu bekommen, wie der Bewerber in früheren Situationen bestimmte Anforderungen bewältigt hat. Aus diesen kann auf ein zukünftiges Verhalten in vergleichbaren Situationen geschlossen werden, bzw. bei Berufseinsteigern sollen hypothetische Situationen helfen, ein Verhalten vorherzusagen. Eine Bewertung des Gesagten findet zu diesem Zeitpunkt noch nicht statt.

Strukturierungsphase:

„Als Krankenschwester müssen Sie oft andere, z.B. bei der Stationsübergabe, durch exakte Übermittlung von Fachinformationen informieren. Können Sie mir kurz schildern, wie sie in Ihrer bisherigen Stelle sichergestellt haben, dass bei einer solchen Übergabe keine wesentlichen Informationen vergessen wurden?“

Idealerweise liegt am Ende eines jeden Abschnitts des Sondierungsprozesses eine vollständige Verhaltensstichprobe zu dem jeweiligen Merkmalsbereich vor. Dazu gehören eine durch den Bewerber beschriebene Situation, sein dazu gehörendes Verhalten und das erzielte Ergebnis.

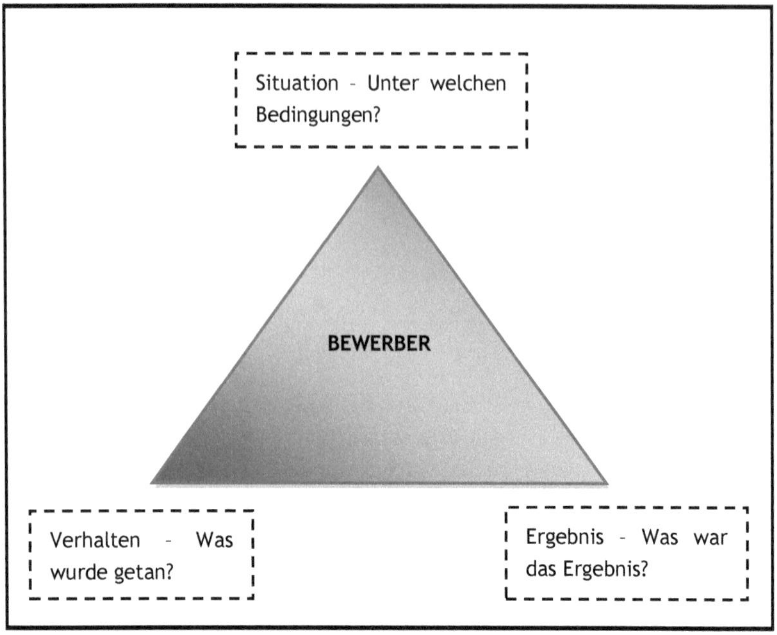

Situation

Diese Komponente liefert wichtige Hinweise zur Bewertung einer Verhaltensweise. Nur wenn die Rahmenbedingungen bekannt sind unter denen eine bestimmte Leistung erbracht wurde, lässt sich diese richtig einordnen.

Verhalten

Es ist wichtig, konkrete Verhaltensweisen anhand von Beispielen vom Bewerber zu erlangen. Dies sorgt dafür, dass es nicht bei Allgemeinplätzen bleibt und verhindert, dass der Bewerber wenig Möglichkeiten hat, sich zu verstellen.

Ergebnis

Erst das erzielte Ergebnis macht eine Handlung bewertbar. Wenn der Interviewer nicht erfährt, wie das Ergebnis einer Handlung war, kann er nicht bewerten, ob es gut oder weniger gut war. Dabei kommt es nicht auf ein perfektes Ergebnis an, vielmehr kann auch ein Fehler mit dem entsprechenden Lerneffekt positiv sein.[*xlvii*]

Zusammenfassung:

Die Vorteile dieses Vorgehens sind:

- Es beugt Fehlinterpretationen vor, da nicht der persönliche Eindruck, sondern das konkrete Verhalten im Mittelpunkt steht.
- Es wird dem Bewerber erschwert, sich zu verstellen, da dieser kaum in der Lage sein wird, auf konkrete Fragen Beispiele zu entwerfen und eine vollständige und schlüssige Handlungsstrategie darzulegen.
- Es weicht von den üblichen Vorstellungsgesprächen, auf die sich der Bewerber anhand der einschlägigen Literatur vorbereiten kann, ab, so dass auswendig gelernte Antworten unwahrscheinlich sind.

Schlussphase

Am Ende des Interviews sollte der Interviewer vermeiden, konkrete Aussagen über die Erfolgsaussichten zu machen. Inhalt des Abschlussteils sind vielmehr die formalen Informationen. Einstellungstermin, Gehaltsvorstellungen, allgemeine Vertragsbedingungen und Fragen des Bewerbers. Auch sollte darauf geachtet werden, dem Bewerber mitzuteilen, wie und wann die nächsten Schritte erfolgen werden.

Abschluss:

„Wenn Sie keine weiteren Fragen haben, hoffe ich, dass ich Ihnen ein realistisches Bild über unser Krankenhaus und die Tätigkeit vermitteln konnte. Ich möchte die Entscheidung, wen wir auf die Vakanz einstellen, so schnell wie möglich treffen. Wenn ich alle Gespräche geführt habe, das wird vermutlich ... der Fall sein, vergleiche ich die unterschiedlichen Eignungsprofile, wie sie sich mir aus den Unterlagen und unserem Gespräch ergeben. Ich werde mich dann entsprechend entscheiden und Ihnen bis zum ... eine Nachricht zukommen lassen.

Ich bedanke mich nochmals ausdrücklich für das interessante Gespräch und wünsche Ihnen eine gute Heimfahrt."

Auswertung und Entscheidung

Nach dem Interview sollte der Interviewer alle benötigten Informationen über den Bewerber zusammengetragen haben und sich ein möglichst vollständiges Bild machen können. Die Notizen, die sich der Interviewer gemacht hat, werden für die Auswertung erneut den verschiedenen Anforderungskriterien zugeordnet. Es kann daher durchaus vorkommen, dass der Bewerber auf eine Frage zu einem bestimmten Anforderungskriterium, Hinweise auf andere relevante Kriterien geliefert hat. Diese sollen nicht verloren gehen, sondern werden an dieser Stelle neu zugeordnet.

Zwischen den Anforderungskriterien existieren zum Teil fließende Übergänge, so dass die Zuordnung häufig nicht eindeutig ist. Trotz dieser Schwierigkeiten muss der Interviewer die Kompetenzen des Bewerbers in das vorgegebene Bewertungsschema einfügen.

1	2	3	4	5	6

Beim Design des Bewertungsschemas fiel die Entscheidung auf eine Skalierung von eins bis sechs, wobei der Wert eins als höchste Qualifikation im Sinne eines „Sehr gut“ gewählt wurde, die sechs somit ein „Ungenügend“ darstellt. Jeder Stufe ist eine Kurzdefinition zugeordnet, in welcher abstrakt beschrieben wird, wann diese Stufe vergeben werden soll.

Übersicht: Notenstufen:

1 „Sehr gut“

Die Einschätzung „Sehr gut“ soll vergeben werden, wenn die Leistungsanforderungen deutlich vom Bewerber übertroffen werden. *(Viel mehr als erwartet - positives Übererfüllen)*

2 „Gut“

Die Einschätzung „Gut“ soll vergeben werden, wenn die Leistungsanforderung voll erfüllt wird. *(Mehr als erwartet)*

3 „Befriedigend“

Die Einschätzung „Befriedigend“ soll vergeben werden, wenn die Leistungsanforderung im allgemeinen den aufgestellten Anforderungen entspricht. *(Erwartetes Verhalten)*

4 „Ausreichend“

Die Einschätzung „Ausreichend“ soll vergeben werden, wenn die Leistungsanforderungen zwar nicht erfüllt werden, aber ohne erheblichen Aufwand eine deutliche Verbesserung der Leistung möglich ist. *(Weniger als erwartet)*

5 „Mangelhaft“

Die Einschätzung „Mangelhaft“ soll vergeben werden, wenn die Leistungsanforderungen nicht erfüllt werden, aber eine Verbesserung der Leistung durch erheblichen Aufwand möglich ist. *(Sehr viel weniger als erwartet)*

6 „Ungenügend“

Die Einschätzung „Ungenügend“ soll vergeben werden, wenn die Leistungsanforderungen nicht erfüllt werden, und eine Verbesserung in absehbarer Zeit nicht möglich erscheint. *(Extrem viel weniger als erwartet)*

Im Rahmen dieser Einordnung ist festzulegen, welches Gewicht den einzelnen Anforderungskriterien zukommt. Dadurch wird festgelegt, wie bei der Nichterfüllung einzelner Merkmale diese ausgeglichen werden können. Anforderungskriterien, die mit geringem Trainingsaufwand auf die geforderte Soll-Ausprägung gebracht werden können, stellen evtl. kein absolutes KO-Kriterium dar, wenn ein Bewerber den Anforderungen im Übrigen entspricht.

Durch dieses endgültige Ranking ergibt sich für jeden Kandidaten ein Kompetenzprofil, welches mit dem vorher festgelegten Anforderungsprofil verglichen werden kann. Dieser Vergleich bringt eine Reihenfolge in die einzelnen Bewerber, welche dann eine Entscheidung für einen Kandidaten nahe legt.

Checkliste:

- Zuordnung der gesammelten Verhaltensbeschreibungen zu den richtigen Anforderungskriterien.
- Vergleichen der Verhaltensbeschreibungen mit dem zugrunde liegenden Anforderungsprofil und Bewertung des Verhaltens in der Bewertungsskala.
- Festlegung eines endgültigen Rankings nachdem evtl. durch eine Schwerpunktsetzung eine geänderte Reihenfolge entsteht.
- Auswahl des entsprechen Kandidaten und Vertragsschluss.

6.2.2.3 Bauchgefühl

Sollen wir uns nach alledem bei der Personalauswahl ganz von der Intuition verabschieden und dem Bauchgefühl ade sagen? Nein. Wir sollten das Auswahlverfahren optimieren, aber nicht die Entscheidung.

Ein Kandidat, bei dem Sie ein schlechtes „Bauchgefühl“ haben, sollte nicht Ihre erste Wahl sein. Neben allen festgelegten Kriterien und Objektivität im Auswahlprozess ist es notwendig, dass Sie auch mit Ihrem neuen Mitarbeiter zufrieden sind. Diese Zufriedenheit wird sich nicht einstellen, wenn Sie nicht auch vom Bauch her zu dem Bewerber „Ja“ sagen können.

Das Einstellungsinterview sollte gut vorbereitet werden, strukturiert sein und die Fragen von den Anforderungskriterien abgeleitet werden. Die letzte Instanz bei der Einstellungsentscheidung sollte allerdings auch der Bauch sein.

7 Einarbeitung von neuen Beschäftigten

Die ersten Wochen an einem neuen Arbeitsplatz sind für den neuen Mitarbeiter oft prägend und stellen die Weichen für die Identifikation mit Ihrem Unternehmen und sind damit sekundär auch für die Zufriedenheit und die Leistungsbereitschaft verantwortlich. Ein Mitarbeiter, der durch den Vorgesetzen und die zukünftigen Kollegen willkommen geheißen wird, wird ein Unternehmen anders beurteilen, als ein Mitarbeiter, der direkt ins „kalte Wasser geworfen wird“.

Nach Beobachtungen wird immer noch viel zu viel dem Zufall überlassen. Die Einführung und Einarbeitung neuer Mitarbeiter muss nicht immer viel Geld kosten. Als Führungsaufgabe der direkten Vorgesetzten in Zusammenarbeit mit dem Personalverantwortlichen verstanden, ist dies letztlich wirtschaftlicher, als das nachträgliche Korrigieren von vermeidbaren Fehlern.

Die Einarbeitung von neuen Beschäftigten ist daher noch orginärer Teil der Einstellung von neuem Personal, er ist gleichzeitig letzter Baustein der Einstellung und erster und wichtigster Baustein einer Integration des neuen Mitarbeiters in den Betrieb. Deshalb ist eine sorgfältig Planung und Durchführung für den Erfolg entscheidend.

Gründe für eine systematische Einarbeitung:

- Die Kosten des Auswahlverfahrens sind sehr hoch.
- Die häufige Fluktuation belastet das qualitative und quantitative Arbeitsergebnis der Gruppe.
- Das Gruppen-/ Abteilungs-/ Gesamtklima wird durch häufige Wechsel belastet.
- Das Image des Unternehmens wird auf dem Bewerbermarkt schlechter.
- Kundenbindungen werden möglicherweise zerstört.

7.1 Überblick

Der Einarbeitungsplan ist kein Selbstzweck, sondern verfolgt das Ziel, den neuen Mitarbeiter durch umfassende Information und Begleitung in der Startphase zu unterstützen und dadurch schnell und kompetent zu einem engagierten und leistungsfähigen Teil Ihres Teams zu machen. Die Grundlage Ihres Einarbeitungsplans sollte daher aus dem Stellenprofil und dem Leitbildes Ihres Unternehmens abgeleitet werden. Dem neuen Mitarbeiter soll damit eine erste Wertschätzung entgegengebracht werden, um ihn dauerhaft zu motivieren und bereits direkt am Anfang für seine neue Aufgabe passgenau zu qualifizieren.

Fragen nach der Organisation, nach Verfahrensabläufen, der Entscheidungswege, der Kompetenzverteilung oder räumlichen Orientierung sollen künftig bereits zum frühestmöglichen Zeitpunkt geklärt werden.

Eine systematische Einarbeitung und Einführung in die neue Tätigkeit ...

- vermeidet eine hohe Fluktuation oder „innere“ Kündigung,
- erhöht die Leistungsbereitschaft,
- fördert die Integration ins bestehende Team,
- erhält bzw. erhöht die Arbeitszufriedenheit,
- verringert Fehlzeiten.

Der Mitarbeiter

- weiß, was er zu tun hat (kennt Aufgabenspektrum),
- wie er es zu tun hat (Qualität) und
- hat eine hohe Bindung an das Unternehmen (Loyalität).

7.2 Einarbeitungspläne

Mit dem Wechsel des Arbeitsplatzes hat der neue Mitarbeiter eine existentiell wichtige Entscheidung getroffen worden und es ist auch Aufgabe des neuen Arbeitgebers, die damit entstehende Unsicherheit möglichst zu vermindern. Der Start in einem neuen Arbeitsumfeld bedeutet für den neuen Mitarbeiter ein hohes Maß an Konfrontation mit häufig völlig neuen Gegebenheiten, wie z.B.: neue Vorgesetzte, neue Kollegen, neue Aufgaben, neue Verhaltensweisen und "Spielregeln" im Umgang.

Die Ziele und Inhalte des Einarbeitungsplans leiten sich inhaltlich im Wesentlichen von den fachlichen und sozialen Anforderungen an die zukünftige Stelle ab. Eine Pflegedienstleitung wird in ihrem Einarbeitungsplan einen anderen Schwerpunkt haben, als ein Pflegehelfer oder ein Mitarbeiter für die Verwaltung. Ihr Einarbeitungsplan wird daher immer individuell auf die jeweilige Einarbeitung abgestimmt sein, die folgenden Punkte sollen Ihnen helfen, eine Gespür für die Wichtigkeit, die kritischen Punkte und Kernpunkte zu entwickeln.

7.3 Einarbeitungsmaßnahmen

Bei der Einführung neuer Mitarbeiter geht es wie oben dargelegt hauptsächlich um zwei Aspekte:

- die soziale Eingliederung und
- die fachliche Einarbeitung

in die Arbeitsaufgabe. Dabei spielen folgende Faktoren eine entscheidende Rolle:

Soziale Eingliederung:	Fachliche Eingliederung:
> Identifikation mit dem Unternehmen bzw. Leitbild > Mentorensystem > Kontaktgespräche > Einführungsseminare	> Arbeitsmethoden/Techniken > Fachwissen/Zusammenhänge des zukünftigen Arbeitsgebietes > "Training on the job" > Abteilung/Bereich

Die Eingliederung und die damit zusammenhängende Einarbeitung gliedern sich in insgesamt drei Phasen:

- Vorbereitung der Einarbeitung,
- der erste Tag und
- die Probezeit.

Phasen der Einarbeitung neuer Mitarbeiterinnen und Mitarbeiter		
Phase I	**Phase II**	**Phase III**
Vor dem ersten Tag	**Erster Tag - Orientierung**	**Einarbeitung und Probezeit**
• Vorbereitung des Arbeitsplatzes • Kontakt durch Zusendung aktueller Informationen • Mitarbeiterbesprechungen • usw.	• Informationen • Mentorensystem • Orientierungsveranstaltung	• Einarbeitungsplan • Feedback Gespräche • Beurteilung

Viele Punkte, die zur systematischen Einführung neuer Mitarbeiter gehören, sind im Prinzip bekannt. Sie wiederholen sich in der Praxis häufig. Allerdings gehen diese Anforderungen im Tagesgeschäft oft unter, d.h. sie werden vielfach nur intuitiv und unvollständig berücksichtigt.

Die folgenden Ausführungen und die Checklisten mit wichtigen Merkposten im Anhang sind daher entwickelt worden, um die Planung und Steuerung der Einarbeitung zu erleichtern. Sie können daraus zukünftig im Einzelfall die für Sie wichtigen Punkte herausgreifen, vertiefen und ergänzen.

7.3.1 Phase I - Vorbereitung

In der Vorbereitung des ersten Arbeitstages für Ihren neuen Mitarbeiter sind einige Formalitäten zu erledigen, welche soweit möglich vor diesem Tag abgeschlossen sein sollten, damit sich die Beteiligten auf die Einarbeitung konzentrieren können.

Die folgende Liste enthält die wichtigsten Vorbereitungsaufgaben:

Checkliste zu Phase I - Vor dem ersten Tag		
Was?	**Wann?**	**Wer?**
- Versandt und Rücklauf wichtiger Unterlagen (z.B. Arbeitsvertrag,...)	- sobald die Personalentscheidung getroffen wurde, ggf. Zustimmung BR, PR, MAV beachten	Personalverantwortlicher
- Kollegen informieren	- sobald nach Unterzeichnung des Arbeitsvertrages	Vorgesetzter
- Mentor finden	- ca. 3 Wochen vor Dienstbeginn	Vorgesetzter
- Arbeitsplatz vorbereiten	- ca. 3 Wochen vor Dienstbeginn	Vorgesetzter
- Einarbeitungsplan erstellen	- ca. 2 Wochen vor Dienstbeginn	Vorgesetzter
- Informationen zusammenstellen	- ca. 1 Wochen vor Dienstbeginn	Personalverantwortlicher

7.3.2 Phase II - „Der erste Tag“

Es ist noch immer kein Ausnahmefall, dass der neue Mitarbeiter am ersten Tag seine neue Tätigkeit aufnehmen will und dort vor verschlossenen Türen steht bzw. weder der Vorgesetzte noch die neuen Kollegen von der Arbeitsaufnahme wissen, geschweige denn die Einarbeitung entsprechend vorbereitet haben.

Der erste Tag ist daher besonders vorzubereiten. Für einen neuen Mitarbeiter sind am ersten Tag div. Stationen zu durchlaufen. Anbei die wichtigsten als Übersicht:

Checkliste zu Phase II - Der erste Tag	
Was?	**Wer?**
- Abholen des neuen Mitarbeiters am Eingang	- Vorgesetzter
- Begrüßung und Einführungsgespräch	- Vorgesetzter
- Vorstellung des Mentors	- Vorgesetzter u. Mentor
- Gespräch mit Personalstelle bzw. Unterlagen für Personalabteilung, Personalakte	- Personalabteilung
- Vorstellung der direkten Kollegen und Rundgang durch die wichtigsten Abteilungen	- Mentor
- Vorstellung von Personalrat, Betriebsrat bzw. MAV	- Mentor u. Vorsitzender PR, BR, MAV
- Einweisung am neuen Arbeitsplatz	- Mentor

Checkliste - Unterlagen für die Personalabteilung:

- Personalbogen/Personalfragebogen,
- Lohnsteuerkarte,
- Sozialversicherungsausweis,
- Krankenkassendaten,
- Bankverbindung,
- ggf. sonstige Unterlagen (VWL, Dienstanweisungen, ...)

Sie sollten ein Informationspaket für den neuen Mitarbeiter schnüren, welches die wichtigsten Informationen enthält, die für den neuen Arbeitnehmer bedeutsam sind. Sie können in diesem Zusammenhang auch Ihre Personalvertretung beteiligen und um einen eigenen Beitrag bitten.

- Anschreiben
- Liste mit möglichen Unterlagen (siehe Anhang)

7.3.3 Phase III - Einarbeitung

Der neue Mitarbeiter muss nicht nur am ersten Arbeitstag, sondern auch danach kontinuierlich beraten und unterstützt werden. Auch hierfür wird eine systematische Auseinandersetzung mit folgenden Kernpunkten vorgeschlagen.

7.3.3.1 Mentor

Eine wesentliche Unterstützung bei der Einarbeitung kann eine flexible gestaltbare Begleitung durch einen erfahrenen Kollegen als Mentor sein. Dabei geht es nicht um die fachliche Führung, sondern um die Unterstützung bei Informations- und Fragebedarf des neuen Mitarbeiters und um Weitergabe von „informellen" Informationen. (z.B. informelle Spielregeln - wie die Frage nach dem „Du" oder „Sie", ...)

Die meisten Aufgaben, die mit der Einführung neuer Mitarbeiter zusammenhängen, sind grundsätzlich die originäre Aufgabe des Vorgesetzten. Die Verantwortung für eine erfolgreiche Einführung kann demnach auch nicht an den Mentor abgegeben werden. Andererseits können sich viele Vorgesetzte meist aus zeitlichen Gründen nicht umfassend persönlich um den neuen Mitarbeiter kümmern. Dabei sollte der Mentor das Vertrauen seines Vorgesetzten genießen und darf bei dieser Aufgabe auch nicht überfordert werden. Ein vorher genau abgestimmter Aufgabenbereich ist daher unbedingt erforderlich.

7.3.3.2 Planung der Probezeit

Geht man von einer Probezeit von sechs Monaten aus, sollte ein erstes fachliches Gespräch mit dem Mitarbeiter durch den Vorgesetzten nach spätestens vier Wochen stattfinden. Dieses Gespräch sollte insbesondere als Feedbackgespräch über die erste Zeit der Einarbeitung genutzt werden. Der Vorgesetzte sollte sich darüber hinaus eine Rückmeldung des neuen Mitarbeiters über seine emotionale Befindlichkeit einholen. Gleichzeitig sollte in der vierten Woche eine Erörterung zwischen dem Vorgesetzten und dem Mentor stattfinden bezüglich einer Analyse eines möglichen Qualifikationsbedarfs und einer Anpassung des Einarbeitungsplans.

Alle 14-Tage sind Feedbackgespräche zwischen Mentor und neuem Mitarbeiter angebracht, die fachliche Anleitung und die soziale Eingliederung stehen dabei im Mittelpunkt.

Weitere Gespräch mit dem fachlichen Vorgesetzten sollten spätestens alle vier Wochen eingeplant werden. Dabei sollen Orientierung und Feedback an den Mitarbeiter der wesentliche Inhalt sein. Auch sollte das Einholen von Verbesserungsvorschlägen und Anregungen zum Aufgabengebiet und zur Position vom neuen Mitarbeiter eingeholt werden. Der neue Arbeitnehmer ist an vielen Stellen noch unvoreingenommen gegenüber Ihrem Unternehmen und kann mit einem Blick von außen wertvolle Anregungen geben.

Z.B. Wie nimmt der neue Mitarbeiter sein Umfeld und seine Aufgaben wahr? Als Gesprächspartner empfiehlt sich der unmittelbare Vorgesetzte.

Ein Beurteilungsgespräch sollte spätestens drei Wochen vor Ablauf der Probezeit stattfinden. In diesem Gespräch werden die wichtigsten Stationen der Einarbeitung zusammengefasst, Fragen geklärt, den Erfolg der Einarbeitung und Integration erfragt und offen und ehrlich die Leistung beurteilt.

Es muss vor dem Gespräch eine Klärung zwischen Vorgesetztem, Mentor und Personalabteilung über die weitere Zusammenarbeit, inklusive der weiteren Qualifikationsschritte oder über eine Trennung gesprochen worden sein. Sie sollten dieses Gespräch dazu nutzen, zu klären, ob mit dem Mitarbeiter weiter zusammengearbeitet werden soll. Dies ist die letzte Möglichkeit sich gegebenenfalls von dem Mitarbeiter ohne gerichtliche Auseinandersetzung zu trennen. Beziehen sie bei Bedarf auch die Personalvertretung bereits zu diesem Zeitpunkt hinzu. Beim Gespräch mit dem Mitarbeiter sollten der Vorgesetzte sowie der Personalverantwortliche vertreten sein.

Checkliste zu Phase III - Einarbeitung		
Was?	**Wann?**	**Wer?**
· Erörterung und Ergänzung des Einarbeitungsplanes	in der ersten Woche	Vorgesetzter Mentor
· Analyse des Qualifikationsbedarfs und Absprachen über die erforderliche Qualifizierung	in der vierten Woche	Vorgesetzter
· Kurz-Feedback-Gesprä-che	in 14-tägigen Abständen oder nach Bedarf öfter	Mentor
· Ausführliche Feedback-Gespräche	in 4-wöchigen Abständen	Vorgesetzter
· Beurteilung	drei Wochen vor Ablauf der Probezeit	Vorgesetzter

Die Integration eines neuen Mitarbeiters endet nicht automatisch mit Ablauf der Probezeit. Vielmehr ist die Zusammenarbeit und der Zusammenhalt im Team ein andauernder Faktor, an dem Sie arbeiten müssen. Auch sollte der Einarbeitungsplan nicht starr sein. Einarbeitungspläne müssen immer wieder flexibel auf den Mitarbeiter angepasst werden, je nach Kenntnissen, Vorerfahrung, Stelle. Es gilt, dass sich die Einarbeitungspläne dem Mitarbeiter anpassen sollen, nicht der Mitarbeiter den Einarbeitungsplänen.

8 Mitarbeiterbindung

Zu Beginn des Buches wurde kurz auf die Personalsituation in den Pflegeberufen hingewiesen. Gutes und qualitativ hochqualifiziertes Personal zu finden ist nicht einfach und die Fluktuation ist überdurchschnittlich hoch. Dies erhöht den Druck auf die Stammbelegschaft und führt nicht in wenigen Fällen zu Unzufriedenheit.

Die FAZ titelte dementsprechend auch „Mitarbeiterbindung bringt Gewinn“. In Zeiten hoher Arbeitslosigkeit werde häufig übersehen, dass die Wechselmöglichkeiten für die sogenannten Top-Leister nahezu konjunkturunabhängig bestehen.[*xlviii*] In diesem Zusammenhang seien Mitarbeiterbindungsprogramme von wachsender Bedeutung. Insbesondere wenn auch die Kostenreduktion im Fokus stehe.

> „Wir müssen uns an den Gedanken gewöhnen, dass Unternehmen weit mehr von ihren besten Mitarbeitern abhängen, als die guten Leute von ihrem Unternehmen.
>
> Peter F. Drucker

Das letzte Kapitel befasst sich daher mit dem Thema der Bindung der Mitarbeiter an Ihr Unternehmen. Wichtig ist es zunächst einerseits zu klären, welche Mitarbeiter gehalten werden sollen, da der Fokus auf den überdurchschnittlichen Mitarbeitern und Top-Leistern liegen muss, anderseits, welche Gründe/Situationen/... einen Mitarbeiter an Ihr Unternehmen binden und welche zu einem Unternehmenswechsel führen.

8.1 Identifikation der Mitarbeiterpotentiale

Die Identifizierung der Mitarbeiterpotentiale erfolgt, da es sich bei den sogenannten High Potentials, um die Potenzialträger Ihres Unternehmens handelt. Eine Abwanderung dieser Gruppe hat für Sie nachteilige Konsequenzen, da Ihre Unternehmensentwicklung und der Unternehmenserfolg in nicht geringem Maße von diesen Mitarbeitern abhängen.

Das Mitarbeiterpotential wird klassischer weise auf zwei Ebenen bewertet:

- Leistung und Verhalten
- Potential

Leistung / Verhalten			
	hoch	C	D
	niedrig	A	B
		niedrig	hoch
		Potential	

Der fachliche Vorgesetzte analysiert dabei, welche Ergebnisse ein Mitarbeiter liefert und welches Verhalten er dabei zeigt. Das Ergebnis Leistungs- / Verhaltens-Skala bildet dann den Ausgangswert auf der Potential-Achse in der Matrix.

8.2 Bindungsmöglichkeiten

Der Autor geht davon aus, dass die Mitarbeiterbindung, d.h. der Verbleib des Mitarbeiters im Unternehmen entscheidend von der

- Motivation des Mitarbeiters bezogen auf die Tätigkeit und
- die fachlichen Möglichkeiten/beruflichen Entwicklung

abhängt. Die Jobbörse Monster.de hat basierend auf einer Umfrage unter ihren Nutzern folgendes Ergebnis veröffentlicht.

Was Mitarbeiter an Ihre Firma bindet...[*xlix*]

- Arbeitsumgebung 34%
- Karrierechancen 32%
- Kollegialer Umgang 30%
- Zugehörigkeitsgefühl 28%
- Weiterbildungsangebot 27%
- Gute Work-Life-Balance 23%
- Gute Mitarbeiter 17%
- Reputation des Arbeitgebers 10%

Gründe den Arbeitgeber zu wechseln...

- Geringe Karriereaussichten 30%
- Höheres Gehalt 15%
- Schlechtes Management 12%
- Schmales Aufgabenspektrum 9%

8.2.1 Möglichkeit zur Erhöhung der Motivation

Aufbauend auf die durchgeführte Potential-Erhebung sollten Sie (gemeinsam mit Fach- und Personalabteilung) eine individuelle Förderung für einen Leistungsträger definieren. Als wesentliche Grundlage ist dabei die Motivationslage des Mitarbeiters zu berücksichtigen. Nicht jeder überdurchschnittliche Mitarbeiter ist zwangsläufig durch weitere Karriereschritte zu motivieren.

Die Idee ist die Bindung dieser Mitarbeitergruppe durch das Aufzeigen klarer Entwicklungswege - basierend auf der individuellen Motivationsstruktur dieser Mitarbeiter.

8.2.2 Unterstützung/Förderung bei fachlichen Aufgaben

Ob Mitarbeiter sich bei der Erfüllung ihrer Tätigkeit in der Pflege wohl fühlen und langfristig diese Tätigkeit ausüben, hängt maßgeblich davon ab, ob sie Ihre Arbeitsaufgaben adäquat erfüllen können – bezogen auf Qualität und Quantität, die durch den Vorgesetzen erwartet wird. Sowohl die dauerhafte Über- bzw. Unterforderung sorgen dafür, dass es zu einem ungesunden Ungleichgewicht bezogen auf die Zufriedenheit mit der Arbeitsausübung kommt.

8.2.2.1 Supervision

Die berufsbegleitende Supervision ist ein zentraler Mechanismus, um insbesondere die psychischen Belastungen der Arbeit zu reflektieren und durch gemeinschaftliche Beratung zu lösen bzw. zu mildern. Sie kann zu einem festen und auch regelmäßigen Bestandteil Ihrer Mitarbeiter werden. In wöchentlichen oder auch monatlichen Gesprächen wird damit ein wechselseitiger Austausch über fachliche und persönliche Themen ermöglicht. Die Supervision sollte dabei bezahlte Arbeitszeit sein. Themen können insbesondere sein:

- Fachthemen: Erschließung von neuen Handlungsmöglichkeiten/-feldern, Weitergabe von praxisbezogenem Wissen,...
- Psychische Themen: rasche und nachhaltige Bewältigung von Krisensituationen, kein „mit nach Hause nehmen“, Ausbau des Selbstwertgefühls,...

8.2.2.2 Gesundheitsförderung

Nur gesunde Mitarbeiter können ihre Arbeitsaufgabe erfüllen und dafür sorgen, dass Sie als Arbeitgeber auch nicht in die Lohnfortzahlungsverpflichtung fallen. Darüber hinaus ist die Gesundheitsförderung auch eine gesetzliche Fürsorgepflicht des Arbeitgebers. Dies kann auf zwei Wegen geschehen:

- Entlastung des Mitarbeiters im Arbeitsalltag, z.B. durch den Einsatz moderner Technik (elektrische Betten, …)
- konkrete Gesundheitsmaßnahmen (Massage, Yoga, Gymnastik, …)

8.2.2.3 Private Ziele und Lebensplanungen berücksichtigen

Berücksichtigung der private Ziele und Lebensplanungen des Mitarbeiters. Nicht für jeden Mitarbeiter ist ein Fünf-Tage-Arbeitsdienst oder Wechseldienst das ideale Arbeitszeitmodell. Soweit die Möglichkeit gegeben ist sind einige Mitarbeiter gerne bereit bestimmten Teilzeitmodellen oder Arbeitsformen zuzustimmen. (z.B. ausschließlicher Nachtdienst, horizontale/vertikale Werdegangsmodelle, ...).

8.2.2.4 Nicht-Monetäre Anreize

Die nicht-monetären Anreize tragen häufig zur Arbeitszufriedenheit und Motivation der Mitarbeitenden bei. Hierzu zählen Feiern, wie Jubiläen, Weihnachtsfeiern, Betriebsfeste. Aber auch ein offizielles Lob durch den Vorgesetzten oder die Geschäftsführung sind kostengünstig und wirken sehr motivierend.

Es wird aktuell vielfach von einer sogenannten Lobkultur gesprochen:

Schaffen Sie eine gesunde Lobkultur in Ihrem Unternehmen[/]:

Regel 1: Wertschätzung

Regel 2: Anerkennen

Regel 3: Loben

Regel 4: Belohnen

8.2.2.5 Geld-/Sachleistungen (Monetäre Anreize)

Im gesamten Bereich der Pflege sind bekanntlich die finanziellen Rahmenbedingungen sehr begrenzt. Eventuell ist es aber trotzdem möglich Ihren Mitarbeitern finanzielle Zuschüsse zukommen zu lassen. Dies kann evtl. durch einen Zusammenschluss mit mehreren Institutionen erfolgen und der guten Verhandlungsbasis mit einer Versicherung oder ähnlichem, so dass Ihre Mitarbeiter eine besonders günstige Lebensversicherung oder Zusatzrente abschließen können.

8.2.2.6 Unterstützung bei Weiterentwicklungen/-bildungen

Wer in der Wissensgesellschaft konkurrenzfähig sein will, muss seine Mitarbeiter und deren Fähigkeiten auf dem aktuellen Stand halten. Lebenslanges Lernen lautet deshalb ein Schlagwort, welches kaum mehr weg zu denken ist.

Für die Bindung von Mitarbeitern an Ihr Unternehmen ist die Möglichkeit, sich und sein Potential weiter zu entwickeln, ein nicht zu unterschätzendes Thema. So hat sich die Stiftung Warentest bereits mehrfach dem Thema Weiterbildung in Gesundheitsberufen, Finanzierung von Weiterbildung,... angenommen.[*li*] Häufig scheitern größere Weiterbildungen an den finanziellen Möglichkeiten des Einzelnen und des Unternehmens, da diese mit erheblichen Kosten verbunden sind.

Welche finanziellen Hilfen diesbezüglich möglich sind, werden im Folgenden auf einen Blick dargestellt.

Berufliche Weiterbildung - die wichtigsten Förderungen		
Was wird gefördert?	**Wer wird gefördert?**	**Welche Förderung kommt in Betracht?**
Allgemeine Weiterbildung	Erwerbstätige und Arbeitsuchende	Bildungsprämie: Weiterbildungsprämie, -sparen, -darlehn
Aufstiegsorientierte Weiterbildung	Erwerbstätige und Arbeitsuchende mit Berufsabschluss	Meister-Bafög, Begabtenförderung, Stipendien
Weiterbildung bestimmter Zielgruppen	Geringqualifizierte und ältere Arbeitnehmer, qualifizierte Arbeitnehmer	WeGebAU

[Bildungsprämie] Die Bildungsprämie besteht aus zwei Komponenten:

- Einen Prämiengutschein in Höhe von max. 154 € können alle Erwerbstätigen erhalten, deren zu versteuerndes Jahreseinkommen 20.000 € (oder 40.000 € bei gemeinsam Veranlagten) nicht übersteigt. Mindestens die gleiche Summe müssen sie selbst für die Weiterbildung aufbringen.
- Mit dem "Weiterbildungssparen" wird im Vermögensbildungsgesetz (VermBG) zur Finanzierung von Weiterbildung eine Entnahme aus den angesparten Guthaben erlaubt.

Den Bildungsgutschein können Weiterbildungsinteressierte für Lehrgänge, Prüfungen oder Zertifikate benutzen. Sowie für alle Maßnahmen, die der Fortbildung dienen. Weitere Informationen auf www.bildungspraemie.info.

[Meister-Bafög] Gefördert werden Fachkräfte, die sich auf einen Fortbildungsabschluss, z.B. Fachkrankenpfleger oder eine vergleichbare Qualifikation vorbereiten und die über eine nach dem Berufsbildungsgesetz (BBiG) oder der Handwerksordnung (HwO) anerkannte, abgeschlossene Erstausbildung oder einen vergleichbaren Berufsabschluss verfügen. Die genauen Fördervoraussetzungen finden Sie unter www.meister-bafoeg.info.

[WeGebAU] Die Förderung soll eine Anschubfinanzierung für die Weiterbildung insbesondere in kleineren und mittleren Unternehmen darstellen. Beschäftigte, die gering qualifiziert sind oder aber das 45. Lebensjahr vollendet haben, stehen im Fokus des Programms, das durch die Bundesagentur für Arbeit finanziert wird.

Im Rahmen des Konjunkturpakets II hat der Gesetzgeber die Möglichkeit geschaffen, auch qualifizierte Mitarbeiter in die Weiterbildungsförderung mit einzubeziehen.

Für eine finanzielle Förderung über WeGebAU müssen folgende Kriterien erfüllt sein:

- Der Erwerb des (letzten) Berufsabschlusses des Arbeitnehmers und die letzte öffentlich geförderte Weiterbildung liegen mindestens 4 Jahre zurück.
- Der Arbeitnehmer wird für die Teilnahme an der Weiterbildung von der Arbeit freigestellt und hat weiterhin Anspruch auf Arbeitsentgelt.
- Die Weiterbildung findet während der betriebsüblichen Arbeitszeiten statt.
- Die Maßnahme ist für die Weiterbildungsförderung zugelassen.
- Die Weiterbildung erhöht die Kompetenz des Mitarbeiters für den allgemeinen Arbeitsmarkt.

Weitere Informationen unter: www.arbeitsagentur.de→ Unternehmen → Finanzielle Hilfen → Weiterbildung.

9 Fazit

Die Pflege von Menschen ist eine soziale „Dienstleitung", die hohe Anforderungen an die Unternehmen und die dort beschäftigten Mitarbeiter stellt. Die „Kunden" sind kranke, alternde, pflegebedürftige und manchmal auch sterbende Menschen und deren Angehörige. Die in der Pflege arbeitenden Menschen begegnen Ihnen in einem sehr persönlichen und sensiblen Moment ihres Lebens. Hinzu kommt, dass unsere Kultur vielfältiger wird und sich die Rituale, wie mit Krankheit und Pflegebedürftigkeit umgegangen wird, kulturabhängig unterscheiden und die Betroffenen daher unterschiedliche Erwartungen und Hoffnungen mitbringen. Die kompetente Pflege ist daher nur ein Teil eines guten und qualifizierten Mitarbeiters, sondern auch die Persönlichkeit, die der Mitarbeiter einbringt, ist von erheblicher Bedeutung.

Diese Anforderungen stehen vor dem Hintergrund eines zunehmenden finanziellen und personellen Drucks und keiner besonders hohen öffentlichen Anerkennung der Leistungen. Die Feststellung, dass trotz der gegenwärtigen Arbeitsmarktsituation ein Mangel an gut ausgebildetem und berufserfahrenem Personal besteht und die Pflege und Gesundheitsbranche als guter und relevanter volkswirtschaftlicher und arbeitsmarktpolitischer Faktor gilt, kann da nur wenig trösten.

Für die kommenden Jahre wird eine deutliche Personalbedarfssteigerung, im Hinblick auf das zunehmende Älterwerden der Bevölkerung und der geburtenreichen Jahrgänge, erwartet. Dem stehen zwei Probleme gegenüber: Die Personalgewinnung wird in allen Bereichen der Pflege schwieriger, insbesondere bei Pflegefachkräften. Hinzu kommt das bekannte Problem der hohen Fluktuation bei Pflegekräften. Dies gefährdet die Leistungsfähigkeit und die Qualität in hohem Maße.

Vor diesem Hintergrund ist eine erfolgreiche Personalpolitik, die auch die Rekrutierung neuen Personals umfasst, umso bedeutender. Vieles bei der Einstellung wird „nebenher" erledigt, ohne dass sich ausreichend um die Folgen Gedanken gemacht wird. Viele Praktiker, die Personal einstellen, verlassen sich rein auf „ein Gespür", das man dafür haben muss, wer der richtige Bewerber ist.

Gerade weil es sich bei der Einstellung um eine Prognose handelt und es deshalb keine Gewissheit gibt, gilt es die unbekannten Faktoren auf ein Minimum zu reduzieren. Das Auswahlverfahren sollte dahingehend optimiert werden, möglichst wenig Fehlentscheidungen zu treffen. Das Einstellungsinterview sollte gut vorbereitet werden, strukturiert sein und die Fragen von den Anforderungskriterien abgeleitet werden. Die Rahmenbedingungen die durch das Bundesdatenschutzgesetz, das Allgemeine Gleichbehandlungsgesetz und die Persönlichkeitsrechte gesetzt werden, sollten bekannt sein, um nicht in vermeidbare Fallen zu tappen.

Letztlich wurden viele Ideen und Vorschläge angerissen und können eine Personalabteilung sicher für lange Zeit beschäftigen. Hier gilt: Auch kleine Veränderungen können große Erfolge hinsichtlich der Auswahl der Mitarbeiter und der Bindung von Mitarbeitern mit sich bringen. Fangen sie einfach an der Stelle des Auswahlprozesses an, der Ihnen am geeignetsten erscheint. Nehmen Sie sich nicht alles auf einmal vor, da auch dies Sie zu hemmen vermag.

Und jetzt? - Viel Erfolg bei der Umsetzung.

Anhang

Allgemeines Gleichbehandlungsgesetz (AGG) *Auszug*

Allgemeines Gleichbehandlungsgesetz vom 14. August 2006 (BGBl. I S. 1897), das zuletzt durch Artikel 15 Absatz 66 des Gesetzes vom 5. Februar 2009 (BGBl. I S. 160) geändert worden ist.

Abschnitt 1

Allgemeiner Teil

§ 1 Ziel des Gesetzes

Ziel des Gesetzes ist, Benachteiligungen aus Gründen der Rasse oder wegen der ethnischen Herkunft, des Geschlechts, der Religion oder Weltanschauung, einer Behinderung, des Alters oder der sexuellen Identität zu verhindern oder zu beseitigen.

§ 2 Anwendungsbereich

(1) Benachteiligungen aus einem in § 1 genannten Grund sind nach Maßgabe dieses Gesetzes unzulässig in Bezug auf:

1. die Bedingungen, einschließlich Auswahlkriterien und Einstellungsbedingungen, für den Zugang zu unselbstständiger und selbstständiger Erwerbstätigkeit, unabhängig von Tätigkeitsfeld und beruflicher Position, sowie für den beruflichen Aufstieg,

2. die Beschäftigungs- und Arbeitsbedingungen einschließlich Arbeitsentgelt und Entlassungsbedingungen, insbesondere in individual- und kollektivrechtlichen Vereinbarungen und Maßnahmen bei der Durchführung und Beendigung eines Beschäftigungsverhältnisses sowie beim beruflichen Aufstieg,

3. den Zugang zu allen Formen und allen Ebenen der Berufsberatung, der Berufsbildung einschließlich der Berufsausbildung, der beruflichen Weiterbildung und der Umschulung sowie der praktischen Berufserfahrung,

4. die Mitgliedschaft und Mitwirkung in einer Beschäftigten- oder Arbeitgebervereinigung oder einer Vereinigung, deren Mitglieder einer bestimmten Berufsgruppe angehören, einschließlich der Inanspruchnahme der Leistungen solcher Vereinigungen,

5. den Sozialschutz, einschließlich der sozialen Sicherheit und der Gesundheitsdienste,

6. die sozialen Vergünstigungen,

7. die Bildung,

8. den Zugang zu und die Versorgung mit Gütern und Dienstleistungen, die der Öffentlichkeit zur Verfügung stehen, einschließlich von Wohnraum.

(2) Für Leistungen nach dem Sozialgesetzbuch gelten § 33c des Ersten Buches Sozialgesetzbuch und § 19a des Vierten Buches Sozialgesetzbuch. Für die betriebliche Altersvorsorge gilt das Betriebsrentengesetz.

(3) Die Geltung sonstiger Benachteiligungsverbote oder Gebote der Gleichbehandlung wird durch dieses Gesetz nicht berührt. Dies gilt auch für öffentlich-rechtliche Vorschriften, die dem Schutz bestimmter Personengruppen dienen.

(4) Für Kündigungen gelten ausschließlich die Bestimmungen zum allgemeinen und besonderen Kündigungsschutz.

§ 3 Begriffsbestimmungen

(1) Eine unmittelbare Benachteiligung liegt vor, wenn eine Person wegen eines in § 1 genannten Grundes eine weniger günstige Behandlung erfährt, als eine andere Person in einer vergleichbaren Situation erfährt, erfahren hat oder erfahren würde. Eine unmittelbare Benachteiligung wegen des Geschlechts liegt in Bezug auf § 2 Abs. 1 Nr. 1 bis 4 auch im Falle einer ungünstigeren Behandlung einer Frau wegen Schwangerschaft oder Mutterschaft vor.

(2) Eine mittelbare Benachteiligung liegt vor, wenn dem Anschein nach neutrale Vorschriften, Kriterien oder Verfahren Personen wegen eines in § 1 genannten Grundes gegenüber anderen Personen in besonderer Weise benachteiligen können, es sei denn, die betreffenden Vorschriften, Kriterien oder Verfahren sind durch ein rechtmäßiges Ziel sachlich gerechtfertigt und die Mittel sind zur Erreichung dieses Ziels angemessen und erforderlich.

(3) Eine Belästigung ist eine Benachteiligung, wenn unerwünschte Verhaltensweisen, die mit einem in § 1 genannten Grund in Zusammenhang stehen, bezwecken oder bewirken, dass die Würde der betreffenden Person verletzt und ein von Einschüchterungen, Anfeindungen, Erniedrigungen, Entwürdigungen oder Beleidigungen gekennzeichnetes Umfeld geschaffen wird.

(4) Eine sexuelle Belästigung ist eine Benachteiligung in Bezug auf § 2 Abs. 1 Nr. 1 bis 4, wenn ein unerwünschtes, sexuell bestimmtes Verhalten,

wozu auch unerwünschte sexuelle Handlungen und Aufforderungen zu diesen, sexuell bestimmte körperliche Berührungen, Bemerkungen sexuellen Inhalts sowie unerwünschtes Zeigen und sichtbares Anbringen von pornographischen Darstellungen gehören, bezweckt oder bewirkt, dass die Würde der betreffenden Person verletzt wird, insbesondere wenn ein von Einschüchterungen, Anfeindungen, Erniedrigungen, Entwürdigungen oder Beleidigungen gekennzeichnetes Umfeld geschaffen wird.

(5) Die Anweisung zur Benachteiligung einer Person aus einem in § 1 genannten Grund gilt als Benachteiligung. Eine solche Anweisung liegt in Bezug auf § 2 Abs. 1 Nr. 1 bis 4 insbesondere vor, wenn jemand eine Person zu einem Verhalten bestimmt, das einen Beschäftigten oder eine Beschäftigte wegen eines in § 1 genannten Grundes benachteiligt oder benachteiligen kann.

§ 4 Unterschiedliche Behandlung wegen mehrerer Gründe

Erfolgt eine unterschiedliche Behandlung wegen mehrerer der in § 1 genannten Gründe, so kann diese unterschiedliche Behandlung nach den §§ 8 bis 10 und 20 nur gerechtfertigt werden, wenn sich die Rechtfertigung auf alle diese Gründe erstreckt, derentwegen die unterschiedliche Behandlung erfolgt.

§ 5 Positive Maßnahmen

Ungeachtet der in den §§ 8 bis 10 sowie in § 20 benannten Gründe ist eine unterschiedliche Behandlung auch zulässig, wenn durch geeignete und angemessene Maßnahmen bestehende Nachteile wegen eines in § 1 genannten Grundes verhindert oder ausgeglichen werden sollen.

Abschnitt 2

Schutz der Beschäftigten vor Benachteiligung

Unterabschnitt 1

Verbot der Benachteiligung

§ 6 Persönlicher Anwendungsbereich

(1) Beschäftigte im Sinne dieses Gesetzes sind

1. Arbeitnehmerinnen und Arbeitnehmer,

2. die zu ihrer Berufsbildung Beschäftigten,

3. Personen, die wegen ihrer wirtschaftlichen Unselbstständigkeit als arbeitnehmerähnliche Personen anzusehen sind; zu diesen gehören auch die in Heimarbeit Beschäftigten und die ihnen Gleichgestellten.

Als Beschäftigte gelten auch die Bewerberinnen und Bewerber für ein Beschäftigungsverhältnis sowie die Personen, deren Beschäftigungsverhältnis beendet ist.

(2) Arbeitgeber (Arbeitgeber und Arbeitgeberinnen) im Sinne dieses Abschnitts sind natürliche und juristische Personen sowie rechtsfähige Personengesellschaften, die Personen nach Absatz 1 beschäftigen. Werden Beschäftigte einem Dritten zur Arbeitsleistung überlassen, so gilt auch dieser als Arbeitgeber im Sinne dieses Abschnitts. Für die in Heimarbeit Beschäftigten und die ihnen Gleichgestellten tritt an die Stelle des Arbeitgebers der Auftraggeber oder Zwischenmeister.

(3) Soweit es die Bedingungen für den Zugang zur Erwerbstätigkeit sowie den beruflichen Aufstieg betrifft, gelten die Vorschriften dieses Abschnitts für Selbstständige und Organmitglieder, insbesondere Geschäftsführer oder Geschäftsführerinnen und Vorstände, entsprechend.

§ 7 Benachteiligungsverbot

(1) Beschäftigte dürfen nicht wegen eines in § 1 genannten Grundes benachteiligt werden; dies gilt auch, wenn die Person, die die Benachteiligung begeht, das Vorliegen eines in § 1 genannten Grundes bei der Benachteiligung nur annimmt.

(2) Bestimmungen in Vereinbarungen, die gegen das Benachteiligungsverbot des Absatzes 1 verstoßen, sind unwirksam.

(3) Eine Benachteiligung nach Absatz 1 durch Arbeitgeber oder Beschäftigte ist eine Verletzung vertraglicher Pflichten.

§ 8 Zulässige unterschiedliche Behandlung wegen beruflicher Anforderungen

(1) Eine unterschiedliche Behandlung wegen eines in § 1 genannten Grundes ist zulässig, wenn dieser Grund wegen der Art der auszuübenden Tätigkeit oder der Bedingungen ihrer Ausübung eine wesentliche und entscheidende berufliche Anforderung darstellt, sofern der Zweck rechtmäßig und die Anforderung angemessen ist.

(2) Die Vereinbarung einer geringeren Vergütung für gleiche oder gleichwertige Arbeit wegen eines in § 1 genannten Grundes wird nicht dadurch

gerechtfertigt, dass wegen eines in § 1 genannten Grundes besondere Schutzvorschriften gelten.

§ 9 Zulässige unterschiedliche Behandlung wegen der Religion oder Weltanschauung

(1) Ungeachtet des § 8 ist eine unterschiedliche Behandlung wegen der Religion oder der Weltanschauung bei der Beschäftigung durch Religionsgemeinschaften, die ihnen zugeordneten Einrichtungen ohne Rücksicht auf ihre Rechtsform oder durch Vereinigungen, die sich die gemeinschaftliche Pflege einer Religion oder Weltanschauung zur Aufgabe machen, auch zulässig, wenn eine bestimmte Religion oder Weltanschauung unter Beachtung des Selbstverständnisses der jeweiligen Religionsgemeinschaft oder Vereinigung im Hinblick auf ihr Selbstbestimmungsrecht oder nach der Art der Tätigkeit eine gerechtfertigte berufliche Anforderung darstellt.

(2) Das Verbot unterschiedlicher Behandlung wegen der Religion oder der Weltanschauung berührt nicht das Recht der in Absatz 1 genannten Religionsgemeinschaften, der ihnen zugeordneten Einrichtungen ohne Rücksicht auf ihre Rechtsform oder der Vereinigungen, die sich die gemeinschaftliche Pflege einer Religion oder Weltanschauung zur Aufgabe machen, von ihren Beschäftigten ein loyales und aufrichtiges Verhalten im Sinne ihres jeweiligen Selbstverständnisses verlangen zu können.

§ 10 Zulässige unterschiedliche Behandlung wegen des Alters

Ungeachtet des § 8 ist eine unterschiedliche Behandlung wegen des Alters auch zulässig, wenn sie objektiv und angemessen und durch ein legitimes Ziel gerechtfertigt ist. Die Mittel zur Erreichung dieses Ziels müssen angemessen und erforderlich sein. Derartige unterschiedliche Behandlungen können insbesondere Folgendes einschließen:

1. die Festlegung besonderer Bedingungen für den Zugang zur Beschäftigung und zur beruflichen Bildung sowie besonderer Beschäftigungs- und Arbeitsbedingungen, einschließlich der Bedingungen für Entlohnung und Beendigung des Beschäftigungsverhältnisses, um die berufliche Eingliederung von Jugendlichen, älteren Beschäftigten und Personen mit Fürsorgepflichten zu fördern oder ihren Schutz sicherzustellen,

2. die Festlegung von Mindestanforderungen an das Alter, die Berufserfahrung oder das Dienstalter für den Zugang zur Beschäftigung oder für bestimmte mit der Beschäftigung verbundene Vorteile,

3. die Festsetzung eines Höchstalters für die Einstellung auf Grund der spezifischen Ausbildungsanforderungen eines bestimmten Arbeitsplatzes

oder auf Grund der Notwendigkeit einer angemessenen Beschäftigungszeit vor dem Eintritt in den Ruhestand,

4. die Festsetzung von Altersgrenzen bei den betrieblichen Systemen der sozialen Sicherheit als Voraussetzung für die Mitgliedschaft oder den Bezug von Altersrente oder von Leistungen bei Invalidität einschließlich der Festsetzung unterschiedlicher Altersgrenzen im Rahmen dieser Systeme für bestimmte Beschäftigte oder Gruppen von Beschäftigten und die Verwendung von Alterskriterien im Rahmen dieser Systeme für versicherungsmathematische Berechnungen,

5. eine Vereinbarung, die die Beendigung des Beschäftigungsverhältnisses ohne Kündigung zu einem Zeitpunkt vorsieht, zu dem der oder die Beschäftigte eine Rente wegen Alters beantragen kann; § 41 des Sechsten Buches Sozialgesetzbuch bleibt unberührt,

6. Differenzierungen von Leistungen in Sozialplänen im Sinne des Betriebsverfassungsgesetzes, wenn die Parteien eine nach Alter oder Betriebszugehörigkeit gestaffelte Abfindungsregelung geschaffen haben, in der die wesentlich vom Alter abhängenden Chancen auf dem Arbeitsmarkt durch eine verhältnismäßig starke Betonung des Lebensalters erkennbar berücksichtigt worden sind, oder Beschäftigte von den Leistungen des Sozialplans ausgeschlossen haben, die wirtschaftlich abgesichert sind, weil sie, gegebenenfalls nach Bezug von Arbeitslosengeld, rentenberechtigt sind.

Unterabschnitt 2

Organisationspflichten des Arbeitgebers

§ 11 Ausschreibung

Ein Arbeitsplatz darf nicht unter Verstoß gegen § 7 Abs. 1 ausgeschrieben werden.

§ 12 Maßnahmen und Pflichten des Arbeitgebers

(1) Der Arbeitgeber ist verpflichtet, die erforderlichen Maßnahmen zum Schutz vor Benachteiligungen wegen eines in § 1 genannten Grundes zu treffen. Dieser Schutz umfasst auch vorbeugende Maßnahmen.

(2) Der Arbeitgeber soll in geeigneter Art und Weise, insbesondere im Rahmen der beruflichen Aus- und Fortbildung, auf die Unzulässigkeit solcher Benachteiligungen hinweisen und darauf hinwirken, dass diese unterbleiben. Hat der Arbeitgeber seine Beschäftigten in geeigneter Weise

zum Zwecke der Verhinderung von Benachteiligung geschult, gilt dies als Erfüllung seiner Pflichten nach Absatz 1.

(3) Verstoßen Beschäftigte gegen das Benachteiligungsverbot des § 7 Abs. 1, so hat der Arbeitgeber die im Einzelfall geeigneten, erforderlichen und angemessenen Maßnahmen zur Unterbindung der Benachteiligung wie Abmahnung, Umsetzung, Versetzung oder Kündigung zu ergreifen.

(4) Werden Beschäftigte bei der Ausübung ihrer Tätigkeit durch Dritte nach § 7 Abs. 1 benachteiligt, so hat der Arbeitgeber die im Einzelfall geeigneten, erforderlichen und angemessenen Maßnahmen zum Schutz der Beschäftigten zu ergreifen.

(5) Dieses Gesetz und § 61b des Arbeitsgerichtsgesetzes sowie Informationen über die für die Behandlung von Beschwerden nach § 13 zuständigen Stellen sind im Betrieb oder in der Dienststelle bekannt zu machen. Die Bekanntmachung kann durch Aushang oder Auslegung an geeigneter Stelle oder den Einsatz der im Betrieb oder der Dienststelle üblichen Informations- und Kommunikationstechnik erfolgen.

Unterabschnitt 3

Rechte der Beschäftigten

§ 13 Beschwerderecht

(1) Die Beschäftigten haben das Recht, sich bei den zuständigen Stellen des Betriebs, des Unternehmens oder der Dienststelle zu beschweren, wenn sie sich im Zusammenhang mit ihrem Beschäftigungsverhältnis vom Arbeitgeber, von Vorgesetzten, anderen Beschäftigten oder Dritten wegen eines in § 1 genannten Grundes benachteiligt fühlen. Die Beschwerde ist zu prüfen und das Ergebnis der oder dem beschwerdeführenden Beschäftigten mitzuteilen.

(2) Die Rechte der Arbeitnehmervertretungen bleiben unberührt.

§ 14 Leistungsverweigerungsrecht

Ergreift der Arbeitgeber keine oder offensichtlich ungeeignete Maßnahmen zur Unterbindung einer Belästigung oder sexuellen Belästigung am Arbeitsplatz, sind die betroffenen Beschäftigten berechtigt, ihre Tätigkeit ohne Verlust des Arbeitsentgelts einzustellen, soweit dies zu ihrem Schutz erforderlich ist. § 273 des Bürgerlichen Gesetzbuchs bleibt unberührt.

§ 15 Entschädigung und Schadensersatz

(1) Bei einem Verstoß gegen das Benachteiligungsverbot ist der Arbeitgeber verpflichtet, den hierdurch entstandenen Schaden zu ersetzen. Dies gilt nicht, wenn der Arbeitgeber die Pflichtverletzung nicht zu vertreten hat.

(2) Wegen eines Schadens, der nicht Vermögensschaden ist, kann der oder die Beschäftigte eine angemessene Entschädigung in Geld verlangen. Die Entschädigung darf bei einer Nichteinstellung drei Monatsgehälter nicht übersteigen, wenn der oder die Beschäftigte auch bei benachteiligungsfreier Auswahl nicht eingestellt worden wäre.

(3) Der Arbeitgeber ist bei der Anwendung kollektivrechtlicher Vereinbarungen nur dann zur Entschädigung verpflichtet, wenn er vorsätzlich oder grob fahrlässig handelt.

(4) Ein Anspruch nach Absatz 1 oder 2 muss innerhalb einer Frist von zwei Monaten schriftlich geltend gemacht werden, es sei denn, die Tarifvertragsparteien haben etwas anderes vereinbart. Die Frist beginnt im Falle einer Bewerbung oder eines beruflichen Aufstiegs mit dem Zugang der Ablehnung und in den sonstigen Fällen einer Benachteiligung zu dem Zeitpunkt, in dem der oder die Beschäftigte von der Benachteiligung Kenntnis erlangt.

(5) Im Übrigen bleiben Ansprüche gegen den Arbeitgeber, die sich aus anderen Rechtsvorschriften ergeben, unberührt.

(6) Ein Verstoß des Arbeitgebers gegen das Benachteiligungsverbot des § 7 Abs. 1 begründet keinen Anspruch auf Begründung eines Beschäftigungsverhältnisses, Berufsausbildungsverhältnisses oder einen beruflichen Aufstieg, es sei denn, ein solcher ergibt sich aus einem anderen Rechtsgrund.

§ 16 Maßregelungsverbot

(1) Der Arbeitgeber darf Beschäftigte nicht wegen der Inanspruchnahme von Rechten nach diesem Abschnitt oder wegen der Weigerung, eine gegen diesen Abschnitt verstoßende Anweisung auszuführen, benachteiligen. Gleiches gilt für Personen, die den Beschäftigten hierbei unterstützen oder als Zeuginnen oder Zeugen aussagen.

(2) Die Zurückweisung oder Duldung benachteiligender Verhaltensweisen durch betroffene Beschäftigte darf nicht als Grundlage für eine Entscheidung herangezogen werden, die diese Beschäftigten berührt. Absatz 1 Satz 2 gilt entsprechend.

(3) § 22 gilt entsprechend.

Unterabschnitt 4

Ergänzende Vorschriften

§ 17 Soziale Verantwortung der Beteiligten

(1) Tarifvertragsparteien, Arbeitgeber, Beschäftigte und deren Vertretungen sind aufgefordert, im Rahmen ihrer Aufgaben und Handlungsmöglichkeiten an der Verwirklichung des in § 1 genannten Ziels mitzuwirken.

(2) In Betrieben, in denen die Voraussetzungen des § 1 Abs. 1 Satz 1 des Betriebsverfassungsgesetzes vorliegen, können bei einem groben Verstoß des Arbeitgebers gegen Vorschriften aus diesem Abschnitt der Betriebsrat oder eine im Betrieb vertretene Gewerkschaft unter der Voraussetzung des § 23 Abs. 3 Satz 1 des Betriebsverfassungsgesetzes die dort genannten Rechte gerichtlich geltend machen; § 23 Abs. 3 Satz 2 bis 5 des Betriebsverfassungsgesetzes gilt entsprechend. Mit dem Antrag dürfen nicht Ansprüche des Benachteiligten geltend gemacht werden.

§ 18 Mitgliedschaft in Vereinigungen

(1) Die Vorschriften dieses Abschnitts gelten entsprechend für die Mitgliedschaft oder die Mitwirkung in einer

1. Tarifvertragspartei,

2. Vereinigung, deren Mitglieder einer bestimmten Berufsgruppe angehören oder die eine überragende Machtstellung im wirtschaftlichen oder sozialen Bereich innehat, wenn ein grundlegendes Interesse am Erwerb der Mitgliedschaft besteht, sowie deren jeweiligen Zusammenschlüssen.

(2) Wenn die Ablehnung einen Verstoß gegen das Benachteiligungsverbot des § 7 Abs. 1 darstellt, besteht ein Anspruch auf Mitgliedschaft oder Mitwirkung in den in Absatz 1 genannten Vereinigungen.

[...]

Abschnitt 4

Rechtsschutz

§ 22 Beweislast

Wenn im Streitfall die eine Partei Indizien beweist, die eine Benachteiligung wegen eines in § 1 genannten Grundes vermuten lassen, trägt die andere Partei die Beweislast dafür, dass kein Verstoß gegen die Bestimmungen zum Schutz vor Benachteiligung vorgelegen hat.

§ 23 Unterstützung durch Antidiskriminierungsverbände

(1) Antidiskriminierungsverbände sind Personenzusammenschlüsse, die nicht gewerbsmäßig und nicht nur vorübergehend entsprechend ihrer Satzung die besonderen Interessen von benachteiligten Personen oder Personengruppen nach Maßgabe von § 1 wahrnehmen. Die Befugnisse nach den Absätzen 2 bis 4 stehen ihnen zu, wenn sie mindestens 75 Mitglieder haben oder einen Zusammenschluss aus mindestens sieben Verbänden bilden.

(2) Antidiskriminierungsverbände sind befugt, im Rahmen ihres Satzungszwecks in gerichtlichen Verfahren als Beistände Benachteiligter in der Verhandlung aufzutreten. Im Übrigen bleiben die Vorschriften der Verfahrensordnungen, insbesondere diejenigen, nach denen Beiständen weiterer Vortrag untersagt werden kann, unberührt.

(3) Antidiskriminierungsverbänden ist im Rahmen ihres Satzungszwecks die Besorgung von Rechtsangelegenheiten Benachteiligter gestattet.

(4) Besondere Klagerechte und Vertretungsbefugnisse von Verbänden zu Gunsten von behinderten Menschen bleiben unberührt.

Abschnitt 5

Sonderregelungen für öffentlich-rechtliche Dienstverhältnisse

§ 24 Sonderregelung für öffentlich-rechtliche Dienstverhältnisse

Die Vorschriften dieses Gesetzes gelten unter Berücksichtigung ihrer besonderen Rechtsstellung entsprechend für

1. Beamtinnen und Beamte des Bundes, der Länder, der Gemeinden, der Gemeindeverbände sowie der sonstigen der Aufsicht des Bundes oder eines Landes unterstehenden Körperschaften, Anstalten und Stiftungen des öffentlichen Rechts,

2. Richterinnen und Richter des Bundes und der Länder,

3. Zivildienstleistende sowie anerkannte Kriegsdienstverweigerer, soweit ihre Heranziehung zum Zivildienst betroffen ist.

[…]

§ 31 Unabdingbarkeit

Von den Vorschriften dieses Gesetzes kann nicht zu Ungunsten der geschützten Personen abgewichen werden.

[…]

Betriebsverfassungsgesetz (BetrVG) *Auszug*

Dritter Abschnitt

Tendenzbetriebe und Religionsgemeinschaften

§ 118 Geltung für Tendenzbetriebe und Religionsgemeinschaften

(1) Auf Unternehmen und Betriebe, die unmittelbar und überwiegend

1. politischen, koalitionspolitischen, konfessionellen, karitativen, erzieherischen, wissenschaftlichen oder künstlerischen Bestimmungen oder
2. Zwecken der Berichterstattung oder Meinungsäußerung, auf die Artikel 5 Abs. 1 Satz 2 des Grundgesetzes Anwendung findet,

dienen, finden die Vorschriften dieses Gesetzes keine Anwendung, soweit die Eigenart des Unternehmens oder des Betriebs dem entgegensteht. Die §§ 106 bis 110 sind nicht, die §§ 111 bis 113 nur insoweit anzuwenden, als sie den Ausgleich oder die Milderung wirtschaftlicher Nachteile für die Arbeitnehmer infolge von Betriebsänderungen regeln.

(2) Dieses Gesetz findet keine Anwendung auf Religionsgemeinschaften und ihre karitativen und erzieherischen Einrichtungen unbeschadet deren Rechtsform.

Checkliste AGG

Checkliste: AGG

1. Überprüfen Sie den Status quo in Ihrem Betrieb. Führen Sie unter Umständen auch eine Schwachstellenanalyse der Personaldaten unter „AGG-Gesichtspunkten“ durch.

2. Thematisieren Sie das AGG in Ihrem Unternehmen und führen Sie regelmäßig Schulungen zumindest für Vorgesetzten durch.

3. Prüfen Sie folgende Situationen in Ihrem Betrieb auf „AGG-Verträglichkeit“ (z.B. geschlechtsneutrale Formulierung, Rechtfertigung von Benachteiligungen etc.):

» Stellenausschreibungen

» Bewerberauswahl

» Vergütungssysteme

» Betriebsvereinbarungen

» Arbeitsverträge

» Betriebliche Übungen

4. Beachten Sie insbesondere bei Stellenausschreibungen folgende Punkte:

» Legen Sie erforderliche Anforderungen an die Position schriftlich fest. (z.B. Qualifikation, Bildungsabschlüsse, berufliche Kenntnisse, etc.) Nehmen Sie nur zwingend erforderliche Anforderungen in die Anzeige auf.

» Schreiben Sie Stellenausschreibungen neutral aus.

» Wählen Sie ggf. Bilder für die Anzeige sehr sorgfältig aus (besser nicht: nur Männer- oder Frauen, nur Personen einer ethnischen Gruppe, etc.)

» Verlangen Sie keine Bild und Altersangabe explizit in Ihrer Anzeige. Nutzen Sie hier die Formulierung „aussagekräftige Bewerbungsunterlagen“.

» Kontrollieren Sie die Anzeige bei der Beauftragung Dritter vor der Veröffentlichung, ob Indizien für eine Benachteiligung erkennbar sind.

5. Führen Sie Vorstellungsgespräche möglichst immer mit Zeugen.

6. Stellen Sie sicher, dass sämtliche Anforderungen, die im Kriterienkatalog festgelegt wurden, in jedem Gespräch auch abgefragt werden. Erleichtern Sie sich die Arbeit, indem Sie einen schriftlichen Katalog für die Fragen im Bewerbungsgespräch festlegen und abarbeiten.

7. Führen Sie eine Dokumentation und Aufbewahrung aller „AGG-relevanten" Maßnahmen (z.B. Stellenausschreibungen, Bewerbungsunterlagen, Einstellungsentscheidungen, Beförderungen, etc.) durch. Die Aufbewahrung sollte mindestens 2 Monate betragen.

8. Formulieren Sie nur neutrale Absagen. Dokumentieren Sie die Versendung der Absage an den Bewerber. Merke: Das Ablehnungsschreiben kann ein wichtiges Indiz für das Vorliegen einer Benachteiligung darstellen. Daher sollte es möglichst ohne Begründung formuliert werden.

BDSG und BGB *Auszug*

§ 3 BDSG – Weitere Begriffsbestimmungen

(1) Personenbezogene Daten sind Einzelangaben über persönliche oder sachliche Verhältnisse einer bestimmten oder bestimmbaren natürlichen Person (Betroffener). [...]

(9) Besondere Arten personenbezogener Daten sind Angaben über die rassische und ethnische Herkunft, politische Meinungen, religiöse oder philosophische Überzeugungen, Gewerkschaftszugehörigkeit, Gesundheit oder Sexualleben. [...]

(11) Beschäftigte sind:

1. Arbeitnehmerinnen und Arbeitnehmer,

2. zu ihrer Berufsbildung Beschäftigte,

3. Teilnehmerinnen und Teilnehmer an Leistungen zur Teilhabe am Arbeitsleben sowie an Abklärungen der beruflichen Eignung oder Arbeitserprobung (Rehabilitandinnen und Rehabilitanden),

4. in anerkannten Werkstätten für behinderte Menschen Beschäftigte,

5. nach dem Jugendfreiwilligendienstegesetz Beschäftigte,

6. Personen, die wegen ihrer wirtschaftlichen Unselbständigkeit als arbeitnehmerähnliche Personen anzusehen sind; zu diesen gehören auch die in Heimarbeit Beschäftigten und die ihnen Gleichgestellten,

7. Bewerberinnen und Bewerber für ein Beschäftigungsverhältnis sowie Personen, deren Beschäftigungsverhältnis beendet ist,

8. Beamtinnen, Beamte, Richterinnen und Richter des Bundes, Soldatinnen und Soldaten sowie Zivildienstleistende.

§ 32 BDSG – Datenerhebung, -verarbeitung und -nutzung für Zwecke des Beschäftigungsverhältnisses

(1) 1Personenbezogene Daten eines Beschäftigten dürfen für Zwecke des Beschäftigungsverhältnisses erhoben, verarbeitet oder genutzt werden, wenn dies für die Entscheidung über die Begründung eines Beschäftigungsverhältnisses oder nach Begründung des Beschäftigungsverhältnisses für dessen Durchführung oder Beendigung erforderlich ist. 2Zur Aufdeckung von Straftaten dürfen personenbezogene Daten eines Beschäftigten nur dann erhoben, verarbeitet oder genutzt werden, wenn zu dokumen-

tierende tatsächliche Anhaltspunkte den Verdacht begründen, dass der Betroffene im Beschäftigungsverhältnis eine Straftat begangen hat, die Erhebung, Verarbeitung oder Nutzung zur Aufdeckung erforderlich ist und das schutzwürdige Interesse des Beschäftigten an dem Ausschluss der Erhebung, Verarbeitung oder Nutzung nicht überwiegt, insbesondere Art und Ausmaß im Hinblick auf den Anlass nicht unverhältnismäßig sind.

(2) Absatz 1 ist auch anzuwenden, wenn personenbezogene Daten erhoben, verarbeitet oder genutzt werden, ohne dass sie automatisiert verarbeitet oder in oder aus einer nicht automatisierten Datei verarbeitet, genutzt oder für die Verarbeitung oder Nutzung in einer solchen Datei erhoben werden.

(3) Die Beteiligungsrechte der Interessenvertretungen der Beschäftigten bleiben unberührt.

§ 670 BGB – Ersatz von Aufwendungen

Macht der Beauftragte zum Zwecke der Ausführung des Auftrags Aufwendungen, die er den Umständen nach für erforderlich halten darf, so ist der Auftraggeber zum Ersatz verpflichtet.

Checkliste Datenschutz

Checkliste - Datenschutz	
Was?	**Wer?**
Wer darf Bewerbungsunterlagen öffnen?	
Wer darf die Bewerbungsunterlagen einsehen?	
Welche Daten werden erfasst? - BDSG (insb. § 3 BDSG) beachten.	
Überwachung der Einhaltung datenschutzrechtlicher Bestimmungen während des Bewerbungsprozesses?	
Wer ist für die Rücksendung der Bewerbungsunterlagen verantwortlich?	
Wer ist für die Löschung der gespeicherten Daten verantwortlich?	

Anforderungsprofil *1*

Bezeichnung der Stelle:								
Kompetenz	**Ausprägung wenig stark**						**Punktzahl**	**Bemerkungen**
	1	2	3	4	5	6	(1-6)	
Formale Voraussetzungen								
Soziale Voraussetzungen								
Persönliche Voraussetzungen								
Methoden- und Führungskompetenz								

Sonstige Voraussetzungen								
Gesamtpunktzahl								

Anforderungsprofil *2*

<table>
<tr><th colspan="2">Anforderungsprofil :</th></tr>
<tr><td>Stellenbezeichnung:</td><td>Planstellennummer:__________
Stelleninhaber/-in:
____
Eingruppierung
der Stelle:___________________</td></tr>
<tr><td>Direkte vorgesetzte Stellen:</td><td>Nachgeordnete Stellen:</td></tr>
<tr><td colspan="2">Anforderungen an den Stelleninhaber - Allgemein:</td></tr>
<tr><td colspan="2">Formale Voraussetzungen:

Fachliche Voraussetzungen:

Soziale/Personale Voraussetzungen:

Methodenkompetenz/Führungskompetenz:

Anforderungsprofil erstellt am

(Unterschrift Stelleninhaber/-in) (Unterschrift Pflegedienstleitung)</td></tr>
</table>

Stellenausschreibung

Wir sind ...

Wir suchen zum eine/n

____

Ihre Aufgaben:

...
...
...
...

Ihr Profil:

...
...
...

Fühlen Sie sich angesprochen? Wir freuen uns auf Ihre aussagekräftigen Bewerbungsunterlagen unter der Kontaktadresse: ...

Ablehnungsschreiben *Textbausteine*

[Logo]
Frau/Herrn
REFERAT PERSONAL
Telefon/Telefax:
[Datum]

Ihre Bewerbung als ....

Sehr geehrte/r Frau/Herr ,

leider müssen wir Ihnen mitteilen, dass wir uns hinsichtlich der Stelle ______________________ in unserem Hause für einen anderen Bewerber entschieden haben.

Sich für jemanden zu entscheiden, bedeutet leider auch immer, sich gegen jemand anderen entscheiden zu müssen. Wir wünschen Ihnen dennoch für Ihren weiteren Berufs- und Lebensweg alles Gute und viel Erfolg.
oder
wir bedanken uns für Ihr Interesse an unseren Unternehmen.

Zu unserem Bedauern müssen wir Ihnen mitteilen, dass wir Sie nach eingehender Prüfung Ihrer Bewerbungsunterlagen und Auswertung der Vielzahl der eingegangenen Bewerbungen bei der Stellenbesetzung nicht berücksichtigen können.

Für Ihre Zukunft wünschen wir Ihnen alles Gute.
oder
wir bedanken uns nochmals für Ihre Bewerbung und das damit bekundete Interesse an einer Mitarbeit in unserem Hause.

Die Resonanz auf unsere Ausschreibung war ausgesprochen groß. Zwischenzeitlich haben wir uns mit den Bewerbungen eingehend befasst, müssen Ihnen aber leider mitteilen, dass wir Sie leider nicht berücksichtigen können.

Ihre Unterlagen erhalten Sie zurück.

Mit freundlichen Grüßen

Bewertung von Bewerbungsunterlagen *Stapel*

A-B-C-Stapel:

A = Die Bewerber, die bei der ersten Durchsicht die Anforderungen am besten/vollständig erfüllen.

B= Die Bewerber, die zwar nicht alle Anforderungen erfüllen, aber für die Besetzung in Betracht kommen.

C = Die Bewerber, die für die Stellenbesetzung nicht in Betracht kommen.

Checkliste: Bewerbunsunterlagen - Übersicht

Name	Vorname	Wohnort	Abschluss	Weiterbildung	Berufserfahrung	Bemerkungen	Arbeitszeit	Stapel A-B-C

Bewertung von Bewerbungsunterlagen *Checkliste*

<table>
<tr><td colspan="4">Checkliste: Bewerbungsunterlagen</td></tr>
<tr><td>Name:
Vorname:</td><td colspan="2">Eingang am:</td><td>Stelle:</td></tr>
<tr><td></td><td>ansprechend
gut ...</td><td>durchschnittlich</td><td>schlecht</td></tr>
<tr><td>Anschreiben:
- Umfang
- Fehlerfreiheit
- Layout, Gestaltung
- Formulierungen
- Motivation</td><td></td><td></td><td></td></tr>
<tr><td colspan="4">Bemerkungen:</td></tr>
<tr><td>Lebenslauf:
- Vollständigkeit
- gut gegliedert
- Entwicklung erkennbar
- Lücken</td><td></td><td></td><td></td></tr>
<tr><td colspan="4">Bemerkungen:</td></tr>
<tr><td>Zeugnisse/Beurteilungen:
- Ausbildungszeugnisse
- gute Beurteilungen
- staatl. Anerkennung
- Berufserfahrung
- fachl. Kenntnisse</td><td></td><td></td><td></td></tr>
<tr><td colspan="4">Bemerkungen:</td></tr>
<tr><td colspan="4">Gesamteindruck:</td></tr>
<tr><td colspan="4">Einladung zum Gespräch? (ggf. Bemerkungen)</td></tr>
</table>

Einführung und Ablauf von Vorstellungsgesprächen *Hinweise*

Allgemeine Hinweise zur Vorbereitung und Durchführung von Vorstellungsgesprächen

1) Wählen Sie für das Gespräch einen störungsfreien Raum. Achten Sie auf einen angemessenen Rahmen für das Gespräch. Sorgen Sie, wenn möglich, für Getränke.
2) Schätzen Sie den Zeitbedarf ab. Wählen Sie einen günstigen Zeitpunkt und planen Sie einen Zeitpuffer ein. Weder Sie noch der Bewerber sollten während des Gesprächs unter Zeitdruck stehen.
3) Bitte lesen Sie den Lebenslauf genau durch und suchen Sie nach Verknüpfungspunkten für die zukünftige Stelle und Ihre Fragestellung.
4) Passen Sie die Fragestellungen an den jeweiligen Kandidaten an. (Bewerber mit Berufserfahrung = Fragen nach bisherigem Verhalten; Berufseinsteiger = Fragen nach hypothetischem Verhalten bzw. nach Verhalten in fremden Bereichen) Bitte achten Sie auf die Vergleichbarkeit der Kandidaten.
5) Halten Sie sich bitte an die vorbereitete Fragereihenfolge, damit auch alle gesuchten Kompetenzen erfasst werden können.
6) Es müssen nicht alle Fragen aus den jeweiligen Themenbereichen jedem Kandidaten vollständig gestellt werden. Vielmehr kommt es auf ein ausgewogenes Gespräch an, in dem Sie sich ein Bild von der Qualifikation in diesem Themenbereich machen können.
7) Zur Überprüfung, ob alles richtig verstanden wurde, hat es sich bewährt, das Gesagte kurz in eigenen Worten zu wiederholen. Unser Gesprächspartner hat hierdurch die Möglichkeit, seine Gedanken und Antworten noch deutlicher auszudrücken und ggf. Missverständnisse richtig zu stellen.
8) Machen Sie sich während des Interviews Notizen und bewerten Sie erst nach dem Interview. Weisen Sie den Kandidaten vor dem Interview auf die Notizen hin und geben Sie ihm ebenfalls die Möglichkeit, sich Notizen zu machen.
9) Bedenken Sie, nur wenn der Bewerber sich im Interview wohl fühlt, werden Sie unverkrampfte Informationen erhalten. Hierzu soll dem Bewerber im Gespräch das Gefühl vermittelt werden, verstanden und akzeptiert zu sein. Wichtig ist hierbei, dass auf Wertungen vollständig verzichtet und mit echtem Interesse den Ausführungen gefolgt wird.

Einführung und Ablauf von Vorstellungsgesprächen *Allgemeiner Teil*

Bewerber/in:

Interviewer/in:

Datum:

Formaler Ablauf

	Eröffnungsphase	Orientierungsphase	Sondierungs-phase	Schlussphase
Inhalt	Begrüßung, Vorstellung der Teilnehmer, Information über den Ablauf des Gesprächs und das Unternehmen bzw. die Stelle	Fragen aus der Analyse der Bewerbungsunterlagen und Orientierungsfragen	Anforderungsbezogene Fragen (Einsatz des Interviewleitfadens)	Informationen über den Arbeitsplatz, Klärung von vertraglichen Konditionen (Gehalt, Einstellungstermin, ...), Verabschiedung
Ziel	Eis brechen, Kontakt herstellen, gleichen Informationstand herstellen, Orientierung geben	Schließen von Informationslücken aus den Bewerbungsunterlagen	Sammeln von Informationen bezüglich der Anforderungskriterien	Überblick über das Angebot des Unternehmens, Informationen über weiteres Vorgehen

Interview-Eröffnung

Die Interview-Eröffnung entscheidet maßgeblich darüber, in welchem Klima das Vorstellungsgespräch stattfindet. Der Bewerber sollte sich beim Gespräch „in seiner Haut wohlfühlen" können. Vermitteln Sie Ihrem Gegenüber ein Gefühl der persönlichen Wertschätzung. Sie sollten insbesondere auf einen positiven Einstieg und einen positiven Abschluss des Gesprächs achten.

Checkliste:

- Begrüßung des Bewerbers
- Vorstellung der Teilnehmer an dem Gespräch
- Informationen über den Ablauf (Dauer, Inhalt, Notizen, Fragen, ...)
- Informationen über das Unternehmen und die ausgeschriebene Stelle

Orientierungsphase

Nachdem eine Beziehung zum Bewerber hergestellt wurde, beginnt das Interview mit der Klärung von Fragen, die sich aus den Bewerbungsunterlagen ergeben haben. Es gilt insoweit Lücken aus den Bewerbungsunterlagen zu schließen, Verständnisprobleme zu klären und Widersprüche aufzuklären. Es ist auch hilfreich, dem Bewerber die Möglichkeit zu geben, seinen beruflichen Werdegang zu schildern. Achten Sie in diesem Zusammenhang auf die Schwerpunktsetzung und Kommentierung des Bewerbers zu den einzelnen Stationen. Das Eingehen auf den bisherigen beruflichen Kontext hat auch den Vorteil, dass Sie einen direkten Übergang zu den vorbereiteten Verhaltensfragen im Interviewleitfaden bekommt.

Checkliste:

- Fragen aus den Bewerbungsunterlagen?
- Evtl. dem Bewerber die Möglichkeit geben über seine bisherige berufliche Tätigkeit zu berichten.

Sondierungsphase

In der Sondierungsphase soll die Persönlichkeit des Bewerbers in den Mittelpunkt rücken. Nutzen Sie an dieser Stelle bitte den anliegenden Interviewleitfaden für das konkrete Anforderungsprofil. Idealerweise liegt am Ende eines jeden Abschnitts des Sondierungsprozesses eine vollständige Verhaltensstichprobe zu dem jeweiligen Merkmalsbereich vor. Dazu gehören eine durch den Bewerber beschriebene Situation, sein dazu gehörendes Verhalten und das erzielte Ergebnis.

Checkliste:

- Haben Sie alle Kompetenzbereiche aus dem Anforderungsprofil erfasst?
- Haben Sie genügend Beispiele für eine Einschätzung des Bewerbers erfahren?
- Haben Sie möglichst viele vollständige Verhaltensstichproben notiert?
- Achten Sie darauf an dieser Stelle noch nicht zu bewerten.

Schlussphase

Inhalt des Abschlussteils sind vielmehr die formalen Informationen. Einstellungstermin, Gehaltsvorstellungen, allgemeine Vertragsbedingungen und Fragen des Bewerbers. Auch sollte darauf geachtet werden, dem Bewerber mitzuteilen, wie und wann die nächsten Schritte erfolgen werden.

Checkliste:

- Sind die formalen Aspekte geklärt? (Einstellungstermin, Gehaltsvorstellungen, ...)
- Weiß der Bewerber, wie die nächsten Schritte sein werden?
- Haben Sie noch Fragen an den Bewerber?
- Verabschiedung des Bewerbers

Interviewleitfaden: ***Gesundheits- und Krankenschwester/-pfleger***

Bewerber/in:

Interviewer/in:

Datum:

[Fachbezogene Qualifikation]_____

[Teamfähigkeit]_____

[sicheres Auftreten, Einfühlungsvermögen]_____

[Organisationsfähigkeit]_____

[Leistungswille, Initiative, Belastbarkeit]_____

[Mitarbeiterführung,Integrationsfähigkeit]_____

[schriftliche / mündliche Ausdrucksfähigkeit]_____

Durchschnittliche Benotung:_____

Fachbezogene Qualifikation:

Abschluss als:_______________

Note:_______

Arbeitsstelle:______________von________bis________

Kündigungsfrist:____________________

Was erscheint Ihnen an dieser Tätigkeit attraktiv, was interessiert Sie am meisten?

Was halten Sie für Ihre fachlichen Stärken? Was haben Sie in Ihrer bisherigen Tätigkeit als ______________ gelernt?

Bewertung:

1	2	3	4	5	6

Teamfähigkeit:

Wie bewerten Sie Ihre Beziehung zu Ihren gegenwärtigen Kollegen? Haben Sie den Eindruck, dass Sie Ihren Kollegen viel voraus haben?

Können Sie uns an einem Beispiel schildern, wie Sie in der Vergangenheit erfolgreich in einem Team gearbeitet haben?

Beschreiben Sie eine Situation, in der Sie die Teamarbeit entscheidend voranbringen konnten. Wie sind Sie vorgegangen? Was waren die Ursachen für den Erfolg?

Bewertung:

1	2	3	4	5	6

Sicheres Auftreten/Einfühlungsvermögen:

Mit welchen Adjektiven würden Sie selbst Ihr Auftreten beschreiben? Wie sehen Sie sich selbst?

Beschreiben Sie eine Situation, in der Sie sehr selbstsicher auftraten? Wie hat sich das geäußert? Wie haben die anderen reagiert? Was würden Sie aus heutiger Sicht anders machen?[*lii*]

Was waren die schwierigsten Personen, mit denen Sie zurechtkommen mussten? Wie gut ist Ihnen das gelungen? Nennen Sie uns bitte ein Beispiel, wie Sie sich auf Ihren Gesprächspartner einstellen.

Bewertung:

1	2	3	4	5	6

Organisationsfähigkeit:

Wie behalten Sie den Überblick über unerledigte Arbeiten?

Beschreiben Sie eine Situation, in der Sie eine Aufgabe zu erledigen hatten, bei der es auf Details und Genauigkeit ankam. Worum handelte es sich? Wie sind Sie vorgegangen? Was war das Ergebnis?

Bewertung:

1	2	3	4	5	6

Leistungswille, Initiative, Belastbarkeit:

Nennen Sie uns bitte eine Situation, in der Sie höchsten Arbeitseinsatz gezeigt haben. Hat es sich rückblickend für Sie gelohnt, sich so ins Zeug zu legen?

Wie entspannen Sie sich nach einem anstrengenden Arbeitstag?

Bewertung:

1	2	3	4	5	6

Mitarbeiterführung, Integrationsfähigkeit:

Wie delegieren Sie Aufgaben an die Ihnen unterstellten Krankenpflegeschüler/innen, Praktikanten/innen, Zivildienstleistende? Wie kontrollieren Sie deren Arbeitsergebnisse?

Manchmal sind nicht alle Beteiligten mit einer Entscheidung zufrieden. Beschreiben Sie eine Situation, in der sie eine unpopuläre Entscheidung getroffen haben. Wie sind Sie mit der Situation umgegangen?

Bewertung:

1	2	3	4	5	6

Schriftliche / mündliche Ausdrucksfähigkeit:

Versteht die/der Kandidat/in es seine Gedanken präzise in Worte zu fassen und diese zu vermitteln? Strukturiert er/sie seine/ihre Aussagen? Ist er/sie klar in der Aussage? Spricht er/sie deutlich mit Betonung? Spricht er/sie der Situation angemessen und passt seinen/ihren Sprachstil an?

Überzeugen die Bewerbungsunterlagen in ihrer schriftlichen Darstellung? Befinden sich in den Bewerbungsunterlagen Fehler? Passen die Unterlagen zu der Person, die Sie im Vorstellungsgespräch kennen gelernt haben?

Bewertung:

1	2	3	4	5	6

Auswertung des Vorstellungsgesprächs ***Notenstufen***

1 „Sehr gut“

Die Einschätzung „Sehr gut“ soll vergeben werden, wenn die Leistungsanforderungen deutlich vom Bewerber übertroffen werden. *(Viel mehr als erwartet – positives Übererfüllen)*

2 „Gut“

Die Einschätzung „Gut“ soll vergeben werden, wenn die Leistungsanforderung voll erfüllt wird. *(Mehr als erwartet)*

3 „Befriedigend“

Die Einschätzung „Befriedigend“ soll vergeben werden, wenn die Leistungsanforderung im Allgemeinen den aufgestellten Anforderungen entspricht. *(Erwartetes Verhalten)*

4 „Ausreichend“

Die Einschätzung „Ausreichend“ soll vergeben werden, wenn die Leistungsanforderungen zwar nicht erfüllt werden, aber ohne erheblichen Aufwand eine deutliche Verbesserung der Leistung möglich ist. *(Weniger als erwartet)*

5 „Mangelhaft“

Die Einschätzung „Mangelhaft“ soll vergeben werden, wenn die Leistungsanforderungen nicht erfüllt werden, aber eine Verbesserung der Leistung durch erheblichen Aufwand möglich ist. *(Sehr viel weniger als erwartet)*

6 „Ungenügend“

Die Einschätzung „Ungenügend“ soll vergeben werden, wenn die Leistungsanforderungen nicht erfüllt werden, und eine Verbesserung in absehbarer Zeit nicht möglich erscheint. *(Extrem viel weniger als erwartet)*

Einarbeitung neuer Mitarbeiter *Phasen*

Phasen der Einarbeitung neuer Mitarbeiterinnen und Mitarbeiter		
Phase I	**Phase II**	**Phase III**
Vor dem ersten Tag	**Erster Tag - Orientierung**	**Einarbeitung und Probezeit**
• Vorbereitung des Arbeitsplatzes • Kontakt durch Zusendung aktueller Informationen • Mitarbeiterbesprechungen • usw.	• Informationen • Mentorensystem • Orientierungsveranstaltung	• Einarbeitungsplan • Feedback Gespräche • Beurteilung

Checkliste zu Phase I - Vor dem ersten Tag		
Was?	**Wann?**	**Wer?**
- Versandt und Rücklauf wichtiger Unterlagen (z.B. Arbeitsvertrag,...)	- Sobald die Personalentscheidung getroffen wurde	Personalverantwortlicher
- Kollegen informieren	- Sobald nach Unterzeichnung des Arbeitsvertrages	Vorgesetzter
- Mentor finden	- ca. 3 Wochen vor Dienstbeginn	Vorgesetzter
- Arbeitsplatz vorbereiten	- ca. 3 Wochen vor Dienstbeginn	Vorgesetzter
- Einarbeitungsplan erstellen	- ca. 2 Wochen vor Dienstbeginn	Vorgesetzter
- Informationen zusammenstellen	- ca. 1 Wochen vor Dienstbeginn	Personalverantwortlicher

Checkliste zu Phase II - Der erste Tag	
Was?	**Wer?**
- Abholen des neuen Mitarbeiters am Eingang	
- Begrüßung und Einführungsgespräch	- Vorgesetzter
- Vorstellung des Mentors	- Vorgesetzter u. Mentor
- Gespräch mit Personalstelle bzw. Unterlagen für Personalabteilung, Personalakte	- Personalabteilung
- Vorstellung der direkten Kollegen und Rundgang durch die wichtigsten Abteilungen	- Mentor
- Vorstellung von Personalrat bzw. Betriebsrat	
- Einweisung am neuen Arbeitsplatz	- Mentor

Checkliste zu Phase III - Einarbeitung		
Was?	**Wann?**	**Wer?**
· Erörterung und Ergänzung des Einarbeitungsplanes	in der ersten Woche	Vorgesetzter Mentor
· Analyse des Qualifikationsbedarfs und Absprachen über die erforderliche Qualifizierung	in der vierten Woche	Vorgesetzter
· Kurz-Feedback-Gespräche	in 14-tägigen Abständen oder nach Bedarf öfter	Mentor
· Ausführliche Feedback-Gespräche	in 4-wöchigen Abständen	Vorgesetzter
· Beurteilung	Drei Wochen vor Ablauf der Probezeit	Vorgesetzter

Literaturverzeichnis

Literaturverzeichnis: *Monographien und Zeitschriften*

Böhm, Ingeborg / Pawellek, Irene	Personalmanagement und Führung - Ein Leitfaden für kleine, junge, innovative Unternehmen, 2002
Dietrich, Stefan	Vorwärts ins Mittelalter, in FAZ v. 12.05.2006
Düvel, Heimo	Das Auswahlinterview, Arbeiten aus dem Institut für Psychologie Selektion von Studienbewerbern durch die Hochschulen, 2005 Heft 2, S. 217 ff.
Flohr, Eckhard / Ring, Gerhand	Das neue Gleichbehandlungsgesetz, 2006
Henes-Karnahl, Beate	Risiko von Fehlbesetzungen minimieren, in Wirtschafts-Bild, 06/2005, S. 18
Huf, Stefan	Voraussetzungen einer gelingenden Kommunikation im Bewerbungsgespräch, in Personalführung 06/2003 S. 58 ff
Jetter, Wolfgang	Effiziente Personalauswahl - Durch strukturierte Einstellungsgespräche die richtigen Mitarbeiter finden, 2. Auflage 2003
Litzcke, Sven Max	Psychologische Verfahren bei der Personalauswahl Schriften FH Bund, S. 32
Richter, Gerald	Was misst das strukturierte Einstellungsinterview? Studien zur Konstruktvalidität des Multimodalen Interviews - Dissertation zur Erlangung des Doktorgrades der Naturwissenschaften (Dr. rer. nat.), 2003
Rixen, Michael	Personalauswahl, Skript für den Per10 Kurs der WBS TRAINING AG, 2007, S. 5
Simon, Walter / Scheelen, Frank	Das neue Gleichbehandlungsgesetz - Neue Vorschriften, Handlungsanweisungen, Muster 2006

Worzalla, Michael	DIN 33430 und ihre Konsequenzen für die Bewerberauswahl in Unternehmen, Ruhr-Universität Bochum, 2002
Wottawa, Heinrich	Bewerberauswahl leicht gemacht - Wer passt nach DIN 33430? 2003

Literaturverzeichnis: *Internet*

Focus http://www.focus.de/jobs/bewerbung/stellenausschreibung_aid_52458.html
Frankfurter Allgemeine Zeitung http://berufundchance.fazjob.net/s/RubE481DAB3A8B64F8D9188F8FE0AB87BCF/Doc~E3B979A6ABF2B476B8B90C2DBF6F226F0~ATpl~Ecommon~Scontent.html
Hensche Rechtsanwälte http://www.hensche.de/Rechtsanwalt_Arbeitsrecht_Handbuch_Gleichbehandlungsgesetz_Pflichten.html
Personalentwicklungsberatung Sabine Gläser http://www.personalentwicklungsberatung.de/Informationen/Vorstellungsgesprache_fuhren_-/Fragen_im_Vorstellungsgesprach/fragen_im_vorstellungsgesprach.html
Randstad http://www.randstad.de/rde/download/ueber/taschenguide/bewerberauswahl/050606_auswahl_materialien_interviewfragen.pdf
Süddeutsche Zeitung http://www.sueddeutsche.de/jobkarriere/berufstudium/artikel/549/81468
Wikipedia http://de.wikipedia.org/wiki/Allgemeines_Gleichbehandlungsgesetz

Endnoten

i NEXT = Nurses` Early Study, http://www.next.uni-wuppertal.de

ii Vertiefend: Bontrup, Hansen - Personalmanagement

iii Eingehend/Vertiefend: Olfert, Personalwirtschaft, S. 121 ff.

iv Vertiefend: Freundl, Taschenbuch für Personalplanung und Stellenausschreibung

v http://berufundchance.fazjob.net/s/RubE481DAB3A8B64F8D9188F8FE0AB87BCF/Doc~E3B979A6ABF2B476B8B90C2DBF6F226F0~ATpl~Ecommon~Scontent.html (Stand: 12.07.2007)

vi Dietrich, Vorwärts ins Mittelalter, FAZ v. 12.05.2006

vii Mattheis, Das neue Gesetz gegen Diskriminierung – Basteln an der Gleichheit, http://www.sueddeutsche.de/jobkarriere/berufstudium/artikel/549/81468 (Stand: 12.07.2007)

viii Vertiefend zu den Diskriminierungsmerkmalen: Flohr/Ring, Das neue Gleichbehandlungsgesetz, S. 52 ff.

ix Von einem mittelbaren Abschlusszwang sprechen: Flohr/Ring, Das neue Gleichbehandlungsgesetz, S. 111 f.

x Flämig, Pflichten des Arbeitgebers nach dem AGG, http://www.hensche.de/Rechtsanwalt_Arbeitsrecht_Handbuch_Gleichbehandlungsgesetz_Pflichten.html (Stand:13.07.2007)

xi Flämig, Pflichten des Arbeitgebers nach dem AGG, http://www.hensche.de/Rechtsanwalt_Arbeitsrecht_Handbuch_Gleichbehandlungsgesetz_Pflichten.html (Stand:13.07.2007)

xii http://de.wikipedia.org/wiki/Allgemeines_Gleichbehandlungsgesetz

xiii Worzalla, Das neue Gleichbehandlungsgesetz, S. 124

xiv Vertiefend: 3.7.2. Haftung für Dritte

xv So auch Worzalla, Das neue Gleichbehandlungsgesetz, S. 131

xvi Problematisch könnte sich die Ablehnung von Bewerbern darstellen, die ihre Schwerbehinderteneigenschaft von sich aus offen legen. Das LAG Hessen sah in einem solchen Fall eine grundlose Ablehnung als Tatsache, die zur Beweislastumkehr führt (LAG Hessen Urteil vom 7.11.2005 – 7 Sa 473/05).

xvii Zur Nutzung der Übersicht: Worzalla, Das neue Gleichbehandlungsgesetz, S. 133 ff.

xviii http://www.focus.de/jobs/bewerbung/stellenausschreibung_aid_52458.html

xix Zustimmend Worzalla, Das neue Gleichbehandlungsgesetz, S. 136

xx *Internetseite des Bundesundesbeauftrageten für Datenschutz:* www.bfdi.bund.de

xxi Böhm/Pawellek, Personalmanagement und Führung – Ein Leitfaden für kleine, junge, innovative Unternehmen, 1.Aufl. 2002, S. 43

xxii Düvel, Das Auswahlinterview, Arbeiten aus dem Institut für Psychologie, Heft 2, S. 217 ff.

xxiii Jetter, Effiziente Personalauswahl - Durch strukturierte Einstellungsgespräche die richtigen Mitarbeiter finden, S. 73

xxiv Düvel, Das Auswahlinterview, Arbeiten aus dem Institut für Psychologie, Heft 2, S. 217 ff.

xxv Jetter, Effiziente Personalauswahl - Durch strukturierte Einstellungsgespräche die richtigen Mitarbeiter finden

xxvi Jetter, Effiziente Personalauswahl - Durch strukturierte Einstellungsgespräche die richtigen Mitarbeiter finden

xxvii Vertiefend: Wottawa, Ruhr-Universität Bochum, DIN 33430 und ihre Konsequenzen für die Bewerberauswahl in Unternehmen; Simon/Scheelen, Bewerberauswahl leicht gemacht - Wer passt nach DIN 33430?

xxviii So Was ist ...DIN 33430? Von Britta Domke, auf: http://www.harvardbusinessmanager.de/heft/artikel/a-615065.html

xxix Rixen, Personalauswahl, Skript für den Per10 Kurs der WBS TRAINING AG, 2007, S. 5

xxx Huf, Voraussetzungen einer gelingenden Kommunikation im Bewerbungsgespräch, in , Personalführung 06/2003 S. 58 ff

xxxi Düvel, Das Auswahlinterview, Arbeiten aus dem Institut für Psychologie, Heft 2, S. 217 ff.

xxxii Prof. Dr. Litzcke, Psychologische Verfahren bei der Personalauswahl, Schriften FH Bund, S. 32

xxxiii Jetter, Effiziente Personalauswahl - Durch strukturierte Einstellungsgespräche die richtigen Mitarbeiter finden, S. 85 ff.

xxxiv Jetter, Effiziente Personalauswahl - Durch strukturierte Einstellungsgespräche die richtigen Mitarbeiter finden, S. 85 ff.

xxxv Vertiefend: Richter, Was misst das strukturierte Einstellungsinterview? Studien zur Konstruktvalidität des Multimodalen Interviews – Dissertation zur Erlangung des Doktorgrades der Naturwissenschaften (Dr. rer. nat.)

xxxvi http://www.personalentwicklungsberatung.de/Informationen/Vorstellungsgesprache_fuhren_-/Fragen_im_Vorstellungsgesprach/fragen_im_vorstellungsgesprach.html

xxxvii http://www.personalentwicklungsberatung.de/Informationen/Vorstellungsgesprache_fuhren_-/Fragen_im_Vorstellungsgesprach/fragen_im_vorstellungsgesprach.html

xxxviii http://www.randstad.de/rde/download/ueber/taschenguide/bewerberauswahl/050606_auswahl_materialien_interviewfragen.pdf

xxxix http://www.randstad.de/rde/download/ueber/taschenguide/bewerberauswahl/050606_auswahl_materialien_interviewfragen.pdf

xl Jetter, Effiziente Personalauswahl – Durch strukturierte Einstellungsgespräche die richtigen Mitarbeiter finden, 2. Auflage2003, S. 264

xli Jetter, Effiziente Personalauswahl – Durch strukturierte Einstellungsgespräche die richtigen Mitarbeiter finden, 2. Auflage2003, S. 266

xlii http://www.randstad.de/rde/download/ueber/taschenguide/bewerberauswahl/050606_auswahl_materialien_interviewfragen.pdf

xliii Jetter, Effiziente Personalauswahl – Durch strukturierte Einstellungsgespräche die richtigen Mitarbeiter finden, 2. Auflage2003, S. 262

xliv Jetter, Effiziente Personalauswahl – Durch strukturierte Einstellungsgespräche die richtigen Mitarbeiter finden, 2. Auflage2003, S. 262

xlv Jetter, Effiziente Personalauswahl – Durch strukturierte Einstellungsgespräche die richtigen Mitarbeiter finden, 2. Auflage2003, S. 266

xlvi http://www.randstad.de/rde/download/ueber/taschenguide/bewerberauswahl/050606_auswahl_materialien_interviewfragen.pdf

xlvii Jetter, Effiziente Personalauswahl – Durch strukturierte Einstellungsgespräche die richtigen Mitarbeiter finden, 2. Auflage2003, S.157 ff.

xlviii http://www.faz.net/s/RubF43C315CBC87496AB9894372D014B9BD/Doc~EF473A0EA43004165910F91B9E65BEE4E~ATpl~Ecommon~Scontent.html

xlix www.monster.de/universum

l Vertiefend: https://www.business-best-practice.de/beitraege.php?beitrag_id=2702

li http://www.test.de/themen/bildung-soziales/weiterbildung/infodok/-Weiterbildung-finanzieren/1740203/1740203/ oder http://www.test.de/themen/bildung-soziales/special/-Berufliche-Weiterbildung/1307594/1307594/1307856/

lii http://www.randstad.de/rde/download/ueber/taschenguide/bewerberauswahl/050606_auswahl_materialien_interviewfragen.pdf